W0398317

80 pains spéciaux

80 pains spéciaux

EDITIONS ATLAS

Édité par :
Éditions Glénat
© LRI, MMIII-MMVI
© Éditions Atlas, MMIII-MMVI
© Éditions Glénat, pour l'adaptation, MMVIII

Services éditoriaux et commerciaux :
Éditions Glénat – 31-33, rue Ernest Renan
92130 Issy-les-Moulineaux

Cet ouvrage est une édition partielle de l'encyclopédie « Pains, gâteaux et viennoiserie » publiée par les Éditions Atlas.

Crédits photographiques :
Couverture : Roulier/Turiot/photocuisine/Corbis

Intérieur :
Francis Waldman : 10, 12, 18, 22, 24, 26, 28, 30, 32, 38, 40, 42, 44, 48, 50, 52, 56, 62, 68, 74, 76, 78, 82, 84, 90, 92, 96, 110, 114, 120, 122, 126, 134, 136, 138, 144, 150, 152, 156, 168, 170.
Francis Waldman, DR : 20, 60, 66, 70, 80, 116, 118, 124, 128, 130, 132, 172.
Francis Waldman, Philippe Barret : 104, 154.
Philippe Barret : 14, 16, 34, 36, 46, 58, 64, 72, 86, 88, 94, 98, 100, 102, 108, 112, 140, 142, 146, 148, 158, 160, 162, 164, 166.
Poisson d'Avril/photocuisine/Corbis : 106
Rick Barrentine/Corbis : 54
Roulier/Turiot/photocuisine/Corbis : 8

Tous droits réservés pour tous pays
Achevé d'imprimer en août 2008, en Italie par
Eurografica –Viale dell Industria 2
36 100 - Vicenza
Dépôt légal : septembre 2008
ISBN : 978-2-7234-6548-9

› Introduction

Focaccia aux herbes, pain bio au cumin, petits pains suédois, gressins au fromage, pains aux courgettes et au thym, pain grec aux olives, pains indiens, ficelles provençales, pain moelleux aux amandes, panettone, pain moulé aux quatre fruits, fougassettes, pain de seigle aux noix, petits pains aux graines de pavot : grâce à ce titre de la collection *Les bonnes saveurs*, découvrez la grande diversité des pains aussi originaux que délicieux ! Vous allez étonner votre famille ou vos amis avec ces pains riches en saveurs épicées et colorées : une belle façon de mettre de l'ambiance à votre table !

L'éditeur

Sommaire

Les pains salés

Préparation : 25 minutes | *Repos : 3 heures* | *Cuisson : 45 minutes* | *Réalisation : facile* | *Coût : assez cher*

Le pain
aux poireaux

Connaissez-vous ce bon gros pain, parsemé de grains de carvi et tout en saveurs rustiques ? Idéal pour un repas campagnard, il accompagnera avec bonheur un pot-au-feu ou une soupe de légumes !

Ingrédients
(pour 1 pain)

- ✓ *450 g de farine de blé ordinaire tamisée*
- ✓ *14 cl d'eau tiède*
- ✓ *1 poireau*
- ✓ *2 cuillères à soupe d'huile d'olive*
- ✓ *12 g de levure fraîche de boulanger*
- ✓ *1 cuillère à café de carvi*
- ✓ *2 cuillères à café de sel*
- ✓ *sel et poivre du moulin*

Ustensile

- ✓ *un moule à cake d'environ 24 cm*

1 Préparation. Émiettez les 12 g de levure dans les 14 cl d'eau tiède.

2 Préparation de la pâte. Versez les 450 g de farine dans un saladier. Ajoutez la levure délayée et une cuillère à soupe d'huile. Mélangez, puis ajoutez les 2 cuillères à café de sel. Pétrissez la pâte environ 8 minutes.

3 1er temps de repos. Formez une boule de pâte, mettez-la dans un plat creux huilé. Couvrez d'un linge et laissez reposer environ 1 h 30 dans un endroit chaud.

4 Préparation du poireau. Rincez le poireau et essuyez-le. Découpez en petits dés. Faites chauffer une poêle légèrement huilée. Faites revenir la cuillère à café de carvi, puis ajoutez les dés de poireaux. Laissez cuire à feu moyen environ 5 minutes. Salez et poivrez.

5 2e temps de repos. Incorporez les dés de poireaux et le carvi dans la pâte. Huilez légèrement le moule et placez-y la pâte. Couvrez d'un linge et laissez reposer environ 1 h 30 dans un endroit chaud.

6 Cuisson. Préchauffez le four à 240°C (th. 8). Mettez à cuire environ 45 minutes, en baissant la température à 200°C (th. 6-7) les 10 dernières minutes. Laissez tiédir, puis démoulez sur une grille.

›ASTUCE

Si vous souhaitez réduire les matières grasses, vous pouvez aussi faire cuire les dés de poireaux à la vapeur durant une dizaine de minutes au lieu de les poêler avec un peu d'huile. Vous incorporerez alors les grains de carvi directement dans la pâte à pain.

Préparation : 25 minutes | *Repos : 2 heures 45* | *Cuisson : 40 minutes* | *Réalisation : facile* | *Coût : bon marché*

Le pain
à la betterave

Voici une belle recette venue des pays de l'est de l'Europe que vous apprécierez avec une soupe aux légumes et un bon plateau de fromages affinés. Une recette étonnante !

1 Préparation. Épluchez les 120 g de betterave, puis découpez en petits cubes. Émiettez les 15 g de levure dans les 20 cl d'eau.

2 Pétrissage. Mélangez les 200 g de farine de blé ordinaire et les 200 g de farine semi-complète. Ajoutez la levure délayée, les 2,5 cuillères à café de sel, les 2 cuillères à soupe d'huile d'olive et les dés de betterave. Poivrez. Pétrissez la pâte 8 à 10 minutes.

Ingrédients
(pour 1 pain)

- ✓ *200 g de farine de blé ordinaire tamisée*
- ✓ *200 g de farine semi-complète*
- ✓ *120 g de betterave cuite*
- ✓ *15 g de levure fraîche de boulanger*
- ✓ *20 cl d'eau tiède*
- ✓ *2 cuillères à soupe d'huile d'olive*
- ✓ *2,5 cuillères à café de sel fin*
- ✓ *poivre du moulin*
- ✓ *1 cuillère à soupe de flocons d'avoine*

3 Temps de repos. Formez une boule de pâte, mettez-la dans un plat creux huilé. Couvrez d'un linge et laissez au chaud environ 1 heure.

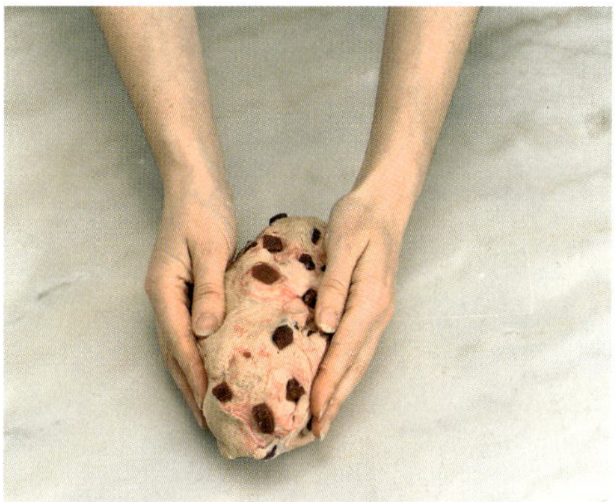

4 Façonnage. Travaillez la pâte 2 à 3 minutes. Façonnez un pain de forme allongée et placez-le sur une plaque de four recouverte de papier sulfurisé. Couvrez d'un linge et laissez reposer environ 1 h 45.

›VARIANTE

Si vous appréciez les pains particulièrement moelleux, vous pouvez ajouter 20 g de beurre dans votre pâte. Dans ce cas, prolongez éventuellement le temps de levée d'une quinzaine de minutes. Vous pouvez aussi relever les saveurs en poivrant généreusement le dessus du pain après la cuisson.

5 Finition. Préchauffez le four à 240°C (th. 8). Posez un bol d'eau dans le bas du four. Badigeonnez le dessus du pain d'un peu d'eau. Saupoudrez de flocons d'avoine.

6 Cuisson. Mettez à cuire environ 40 minutes, en baissant la température à 210°C (th. 7) les 20 dernières minutes. Laissez refroidir sur une grille.

Préparation : 30 minutes | *Repos : 3 heures* | *Cuisson : 35 minutes* | *Réalisation : facile* | *Coût : bon marché*

Le pain
aux champignons

Quoi de plus original que cet étonnant pain aux champignons sauvages ?
Rustique et goûteux, il égaiera vos repas d'automne de ses saveurs boisées.
Un pain qui se savoure en tranches taillées un peu épaisses,
ou encore légèrement toasté et servi tiède.

1 Préparation. Versez les 12 g de champignons secs dans un bol et couvrez-les d'eau tiède. Laissez-les se réhydrater pendant environ 30 minutes.

2 Mélange. Versez les 20 cl d'eau tiède dans un bol et délayez les 12 g de levure. Versez dans un saladier les 400 g de farine de blé, les 2 cuillères à soupe d'huile et la levure délayée. Mélangez bien. Versez la cuillère à café et demie de sel. Pétrissez la pâte pendant 10 minutes environ.

Ingrédients
(pour 1 pain)

- ✓ *400 g de farine de blé ordinaire tamisée*
- ✓ *12 g de levure fraîche de boulanger*
- ✓ *20 cl d'eau tiède (environ 25° C)*
- ✓ *2 cuillères à soupe d'huile*
- ✓ *12 g de champignons secs*
- ✓ *1,5 cuillère à café de sel fin*

3 Incorporation des champignons. Incorporez les champignons égouttés et 2 cuillères à soupe d'eau de trempage. Ajoutez éventuellement un peu de farine si le mélange vous paraît trop collant.

4 1er temps de repos. Déposez la pâte dans un plat creux, couvrez d'un linge et laissez reposer 2 heures dans un endroit chaud à l'abri des courants d'air. La pâte gonflera doucement.

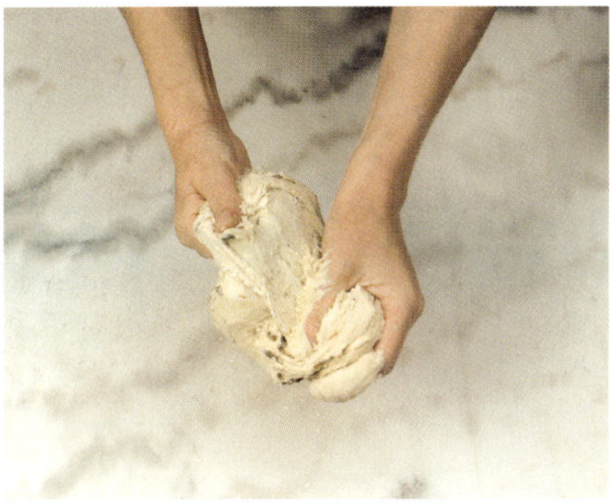

5 2e temps de repos. Travaillez la pâte durant 5 minutes, formez une boule, couvrez d'un linge et laissez reposer dans un endroit chaud pendant une heure.

6 Cuisson. Préchauffez le four à 240°C (th. 8). Déposez un grand bol d'eau tiède dans le bas de votre four. Saupoudrez le pain d'un peu de farine tamisée. Mettez au four pendant environ 35 minutes en baissant la température à 210°C (th. 7) les 10 dernières minutes. Laissez refroidir.

›ASTUCE

Pour préparer votre pâte, vous pouvez choisir des cèpes séchés ou bien préférer un mélange de plusieurs variétés de champignons secs. Au deuxième temps de repos, vous pouvez former un boudin de pâte et le déposer dans un moule à pain ou un moule à cake.

Préparation : 20 minutes | Repos : 3 heures | Cuisson : 35 minutes | Réalisation : facile | Coût : bon marché

Le pain aux carottes
et à la ciboulette

Voici un pain aux saveurs généreuses, qui se déguste pour le plaisir en tranches taillées un peu épaisses et couvertes d'une fine couche de beurre fermier. Un pain vraiment pratique à emporter lors d'un pique-nique !

Ingrédients
(pour 1 pain)

- ✓ *350 g de farine de blé ordinaire tamisée*
- ✓ *120 g de carottes râpées*
- ✓ *3 cuillères à soupe de ciboulette hachée*
- ✓ *50 g de crème fraîche épaisse*
- ✓ *1 œuf*
- ✓ *18 cl d'eau tiède*
- ✓ *12 g de levure fraîche de boulanger*
- ✓ *2 cuillères à café de sel*
- ✓ *huile*

Ustensile

- ✓ *un moule à cake d'environ 24 cm*

1 Préparation. Émiettez les 12 g de levure dans les 18 cl d'eau.

2 Préparation de la pâte. Versez les 350 g de farine dans un saladier, ajoutez la levure délayée, les 50 g de crème fraîche, l'œuf, les 2 cuillères à café de sel et mélangez. Pétrissez la pâte environ 8 minutes.

3 1er temps de repos. Formez une boule de pâte, mettez-la dans un plat creux légèrement huilé. Couvrez d'un linge et laissez reposer 1 h dans un endroit chaud à l'abri des courants d'air.

4 Façonnage. Huilez légèrement le moule. Travaillez la pâte quelques instants, puis incorporez les 120 g de carottes râpées, les 3 cuillères à soupe de ciboulette. Donnez à votre pâte la forme d'un boudin et placez-la dans le moule.

5 2e temps de repos. Couvrez d'un linge et laissez reposer au chaud environ 2 heures. Préchauffez le four à 240°C (th. 8).

6 Cuisson. Placez un bol dans le bas du four. Badigeonnez le dessus du pain d'un peu d'eau. Mettez à cuire environ 35 minutes, en baissant la température à 210°C (th. 7) les 10 dernières minutes. Laissez refroidir, puis démoulez sur une grille.

› DÉCORATION

Avant de le passer au four, vous pouvez couvrir le dessus de votre pain de 2 cuillères à soupe de carottes finement râpées, ou encore réaliser un mélange fait d'une cuillère à soupe de gruyère râpé et d'une cuillère à soupe de chapelure fine. Une cuillère à café de fines herbes finement hachées, ajoutées au moment de servir le pain, mettra la note finale à votre décoration.

Préparation : 35 minutes | Repos : 3 heures | Cuisson : 35 minutes | Réalisation : facile | Coût : bon marché

Le pain courgette *et thym*

Créez une ambiance provençale avec ce pain à la belle mie souple et aérée qui dégage ses parfums pleins de soleil, gorgés d'huile d'olive et d'herbes aromatiques ! À réserver à vos amis les plus chers !

1 Préparation. Rincez la courgette, essuyez-la et râpez-la en vous aidant d'une râpe à fromage à grille fine. Émiettez les 20 g de levure dans un bol avec les 8 cl d'eau tiède.

2 Travail de la pâte. Versez les 350 g de farine et la levure délayée dans un saladier. Mélangez et ajoutez les 5 cl d'huile d'olive, les 2 cuillères à café de sel, la courgette râpée et la cuillère à café de thym. Pétrissez bien la pâte pendant environ 8 à 10 minutes.

Ingrédients
(pour 1 pain)

- ✓ *350 g de farine de blé ordinaire tamisée*
- ✓ *1 courgette*
- ✓ *1 cuillère à café de thym*
- ✓ *20 g de levure fraîche de boulanger*
- ✓ *8 cl d'eau tiède*
- ✓ *5 cl d'huile d'olive*
- ✓ *2 cuillères à café de sel*

Ustensile

- ✓ *un moule à cake d'environ 24 cm*

3 1er temps de repos. Formez une boule de pâte. Déposez-la dans un plat creux aux bords légèrement huilés. Couvrez-la et laissez-la gonfler dans un endroit chaud pendant environ 1 heure.

4 Façonnage. Huilez légèrement le moule. Pliez plusieurs fois la pâte. Donnez-lui la forme d'un long boudin. Déposez-la dans le moule.

›ASTUCE

Si vous trouvez que la croûte est un peu trop dure, vous pouvez badigeonner le pain avec un jaune d'œuf battu dans un peu de lait. Au moment du refroidissement, vous pouvez aussi ôter le pain du moule et le rouler dans un linge sec parfaitement propre, ce qui lui évitera de devenir trop dur.

5 2e temps de repos. Couvrez d'un linge et laissez gonfler dans un endroit chaud pendant environ 2 heures. Préchauffez le four à 240°C (th. 8).

6 Cuisson. Déposez un bol d'eau tiède dans le bas du four. Badigeonnez le dessus du pain d'un peu d'eau. Mettez à cuire environ 35 minutes en baissant la température à 210°C (th. 7) les 10 dernières minutes. Attendez 5 minutes avant de démouler. Laissez refroidir sur une grille.

Préparation : 40 minutes | Repos : 1 heure 40 | Cuisson : 40 minutes | Réalisation : facile | Coût : assez cher

La fougasse
aux olives

C'est, dit-on, l'un des plus vieux pains français. Les olives lui confèrent une saveur méditerranéenne qui se marie bien avec le goût des légumes gorgés de soleil, du chèvre frais ou du jambon cru. La fougasse aux olives est aussi moelleuse qu'un gâteau et se suffit à elle-même, dégustée nature et accompagnée d'un rosé de Provence.

1 Préparation. Émiettez les 10 g de levure dans un bol et délayez-les dans 10 cl d'eau tiède. Dans un saladier, mélangez les 300 g de farine et la 1/2 cuillère à café de sel. Creusez un puits au centre et versez la levure délayée. Commencez à amalgamer, ajoutez les 10 cl d'eau tiède restant et les 2 cuillères à soupe d'huile d'olive.

2 Pétrissage. Pétrissez la pâte jusqu'à ce qu'elle soit lisse et souple. Formez une boule et couvrez-la d'un linge humide. Laissez reposer pendant 1 heure à température ambiante.

3 Façonnage. Sur le plan de travail fariné, faites retomber la pâte en appuyant dessus avec les mains. Étalez-la au rouleau à pâtisserie en lui donnant une forme arrondie.

4 Décoration. Répartissez les olives sur la moitié de la pâte. Transpercez l'autre moitié de trois entailles avec un couteau. Rabattez le côté de la pâte fendu sur celui couvert par les olives. Soudez les bords en pinçant légèrement ; au besoin, ajoutez un peu d'eau pour que la pâte colle.

5 Temps de levée. Enduisez la plaque du four avec les 15 g de beurre. Déposez délicatement la fougasse et laissez gonfler pendant 40 minutes. Préchauffez le four à 220°C (th. 7-8).

6 Cuisson. Badigeonnez la fougasse avec un peu d'huile d'olive, à l'aide d'un pinceau. Quand votre four est chaud, enfournez et laissez cuire 40 minutes. Vous pouvez la servir tiède.

Ingrédients
(pour 1 fougasse)

- ✓ *300 g de farine de blé ordinaire tamisée*
- ✓ *10 g de levure fraîche de boulanger*
- ✓ *20 cl d'eau tiède (25°C)*
- ✓ *1/2 cuillère à café de sel*
- ✓ *2 cuillères à soupe d'huile d'olive*
- ✓ *100 g d'olives dénoyautées*
- ✓ *15 g de beurre pour la plaque*

› CONSERVATION

La fougasse peut très bien se conserver plusieurs jours à l'abri de l'humidité dans un sac à pain. Si vous n'en avez pas, enroulez-la soigneusement dans un linge propre et rangez-la dans un placard. Si vous voulez l'emporter en pique-nique, faites de même.
Vous pouvez aussi la congeler dans un sac à congélation et la passer à four chaud préchauffé à 220° C (th. 6-7) pendant 10 minutes environ.

Préparation : 20 minutes | Repos : 3 heures | Cuisson : 40 minutes | Réalisation : facile | Coût : assez cher

Le pain *poivron-parmesan*

Mettez un peu de piquant à votre table avec ce beau pain savoureux et coloré au délicieux petit goût de fromage parmesan. Un pain convivial venu d'Italie à offrir à vos amis.

Ingrédients
(pour 1 pain)

- ✓ *400 g de farine de blé ordinaire + 1 cuillère à soupe*
- ✓ *12 g de levure fraîche de boulanger*
- ✓ *22 cl d'eau tiède*
- ✓ *2 cuillères à soupe d'huile d'olive*
- ✓ *1/2 poivron rouge*
- ✓ *50 g de parmesan râpé*
- ✓ *une dizaine d'olives noires dénoyautées*
- ✓ *2,5 cuillères à café de sel*

1 Préparation. Émiettez les 12 g de levure fraîche dans les 22 cl d'eau tiède.

2 Mélange. Versez les 400 g de farine dans un saladier. Ajoutez la levure délayée, les 50 g de parmesan râpé et les 2 cuillères à soupe d'huile d'olive. Mélangez. Ajoutez les 2,5 cuillères de sel. Pétrissez la pâte 8 minutes. Ajoutez si nécessaire un peu d'eau ou de farine pour obtenir une meilleure consistance.

3 Temps de repos. Formez une boule de pâte, mettez-la dans un plat creux huilé. Couvrez d'un linge et laissez reposer environ 1 h 15 dans un endroit chaud.

4 Préparation de la garniture. Rincez le demi-poivron rouge et essuyez-le. Hachez-le en petites lanières. Découpez les olives en petits morceaux. Travaillez la pâte quelques instants, puis incorporez le poivron et les olives.

5 Façonnage. Formez une boule de pâte et placez-la sur une plaque de four légèrement farinée. Couvez d'un linge et laissez environ 1 h 45 dans un endroit chaud. Préchauffez le four à 240°C (th. 8).

6 Cuisson. Posez un bol d'eau dans le bas du four. Saupoudrez le pain avec une cuillère à soupe de farine. Incisez le dessus en croisillons. Mettez à cuire environ 40 minutes, en baissant la température à 210°C (th. 7) les 15 dernières minutes. Laissez refroidir sur une grille.

›ASTUCE

Prenez une petite passoire fine pour saupoudrer facilement la farine sur le dessus du pain avant de débuter la cuisson. Si vous n'avez pas de grille à pâtisserie, vous pouvez poser votre gâteau sur un torchon plié en quatre. Cela permettra à votre pain de refroidir en évacuant l'excès d'humidité.

Préparation : 35 minutes | Repos : 3 heures | Cuisson : 45 minutes | Réalisation : facile | Coût : bon marché

Le pain
aux tomates séchées

Avec cet étonnant pain de berger, c'est un peu des secrets gourmands de l'Italie que vous allez révéler à vos invités. Délicieux avec une viande des Grisons ou un bon jambon de Parme, ce pain très original et nourrissant va donner ses lettres de noblesse à vos pauses casse-croûte. Inoubliable !

Ingrédients
(pour 4 à 6 personnes)

- ✓ *400 g de farine de blé ordinaire tamisée*
- ✓ *18 g de levure fraîche de boulanger*
- ✓ *20 cl d'eau tiède (environ 25° C)*
- ✓ *1,5 cuillère à café de sel fin*
- ✓ *2 cuillères à soupe d'huile d'olive*
- ✓ *150 g de tomates séchées à l'huile*
- ✓ *1 cuillère à café de piment doux en poudre*
- ✓ *1 cuillère à café d'origan séché*

1 Préparation. Versez les 20 cl d'eau tiède dans un bol et délayez les 18 g de levure fraîche.

2 Pétrissage. Versez les 400 g de farine dans un saladier et ajoutez la levure délayée. Mélangez bien. Versez la cuillère à café et demie de sel, les 2 cuillères à soupe d'huile d'olive, la cuillère à café de piment doux en poudre et la cuillère à café d'origan séché. Pétrissez la pâte avec les mains pendant 10 minutes.

3 Temps de repos. Déposez la pâte, qui doit être lisse et homogène, dans un plat creux huilé, couvrez d'un linge et laissez reposer 1 heure dans un endroit chaud à l'abri des courants d'air. La pâte va gonfler doucement.

4 Incorporation. Égouttez les 150 g de tomates séchées et découpez-les en fines lanières. Déposez la pâte sur un plan de travail fariné et rompez-la plusieurs fois avec les mains. Incorporez les lanières de tomates.

5 Façonnage. Façonnez avec vos mains 1 pain de forme arrondie. Rangez-le sur une plaque de four farinée. Couvrez d'un linge et laissez reposer dans un endroit chaud pendant deux heures.

6 Cuisson. Préchauffez le four à 240°C (th. 8). Déposez un bol d'eau tiède dans le bas de votre four. Badigeonnez d'un peu d'eau le dessus du pain. Mettez à four chaud environ 45 minutes en baissant la température à 210°C (th. 7) les 10 dernières minutes, puis laissez refroidir sur une grille.

›VARIANTE

Avec la même pâte, confectionnez des petits pains arrondis. Après avoir incorporé les tomates séchées, partagez la pâte en 6 parts égales. Donnez-leur la forme de 6 petites boules sur une plaque de four farinée en veillant à bien les espacer. Elles pourront ainsi gonfler doucement sans coller les unes aux autres. Disposez-les en plaçant la pâte repliée dessous afin que le dessus des petits pains soit lisse.

Préparation : 35 minutes | *Repos : 12 heures* | *Cuisson : 12 minutes* | *Réalisation : facile* | *Coût : bon marché*

Les petits carrés *chèvre et olives*

Ils sont tout simplement craquants, ces petits carrés ! Enrichis de chèvre frais et de quelques olives de pays, ils fleurent bon la campagne provençale et les senteurs du Midi. Un petit en-cas original et goûteux à essayer sans hésiter !

1 Préparation. Versez les 12 g de levure fraîche dans les 20 cl d'eau tiède et mélangez. Versez les 350 g de farine dans un saladier et ajoutez la levure délayée. Mélangez bien. Ajoutez les 2 cuillères à café de sel. Pétrissez pendant environ 10 minutes.

2 1er temps de repos. Formez une boule de pâte. Déposez-la dans un plat creux. Couvrez d'un linge et laissez reposer 1 heure dans un endroit chaud à l'abri des courants d'air.

Ingrédients
(pour 5 petits carrés)

- ✓ *350 g de farine de blé ordinaire tamisée*
- ✓ *60 g de chèvre frais*
- ✓ *20 g d'olives noires dénoyautées*
- ✓ *12 g de levure fraîche de boulanger*
- ✓ *20 cl d'eau tiède*
- ✓ *2 cuillères à café de sel fin*
- ✓ *huile*

3 Incorporation. Découpez les 20 g d'olives en petites lanières. Déposez la pâte sur un plan de travail fariné et travaillez-la quelques instants. Ajoutez les 60 g de chèvre émietté et les olives. Mélangez bien.

4 Façonnage. Partagez la pâte en 5 pâtons en leur donnant une forme carrée. Posez-les sur une plaque de four légèrement huilée.

›VARIANTE

Vous pouvez aussi utiliser pour cette recette des olives non dénoyautées. On dit même que les olives entières apportent un petit goût très agréable aux préparations.
Deux pincées d'herbes de Provence ajoutées dans la pâte donneront par ailleurs une note provençale très sympathique.

5 2e temps de repos. Couvrez d'un linge et laissez reposer dans un endroit chaud pendant 1 heure. Préchauffez le four à 240°C (th. 8).

6 Cuisson. Saupoudrez les pains d'un peu de farine en vous aidant d'une petite passoire. Déposez un grand bol d'eau dans le bas du four. Enfournez pendant environ 20 minutes en baissant la température à 210°C (th. 7) les 10 dernières minutes. Laissez refroidir sur une grille.

Préparation : 20 minutes | *Repos : 3 heures* | *Cuisson : 20 minutes* | *Réalisation : facile* | *Coût : assez cher*

Les mini-pavés *au roquefort*

Ils sont vraiment craquants ces mini-pavés ! Ils ont tout des grands pains, le croustillant et le moelleux. Ils auront fière allure sur votre table. Et vous pourrez même les glisser dans un sac pour les grignoter au cours de la journée !

Ingrédients
(pour 5 mini-pavés)

- ✓ *350 g de farine de blé ordinaire tamisée*
- ✓ *80 g de roquefort*
- ✓ *12 g de levure fraîche de boulanger*
- ✓ *20 cl d'eau tiède*
- ✓ *1,5 cuillère à café de sel*

1 Préparation. Versez les 20 cl d'eau tiède dans un bol et délayez les 12 g de levure fraîche. Versez en pluie les 350 g de farine tamisée dans un saladier et ajoutez la levure délayée. Mélangez bien. Ajoutez la cuillère et demie de sel.

2 Pétrissage. Pétrissez la pâte avec les mains pendant environ 10 minutes jusqu'à ce qu'elle soit bien homogène.

3 Temps de repos. Formez ensuite une boule de pâte, déposez-la dans un saladier et couvrez d'un linge. Laissez reposer 1 heure dans un endroit tiède à l'abri des courants d'air. La pâte gonflera peu à peu.

4 Façonnage. Rompez la pâte plusieurs fois avec les mains, ajoutez les 80 g de roquefort émietté et travaillez-la pendant environ 2 minutes. Façonnez avec vos mains farinées 5 petits pains carrés. Rangez-les sur une plaque de four farinée.

5 Finition. Couvrez d'un linge et laissez reposer dans un endroit chaud encore 2 heures. Après ce temps de repos, préchauffez le four à 240°C (th. 8). Saupoudrez les mini-pavés de farine en vous aidant d'une passoire fine.

6 Cuisson. Déposez un grand bol rempli d'eau tiède dans le bas de votre four. Mettez à four chaud environ 20 minutes en baissant la température à 210°C (th. 7) pour les 10 dernières minutes. Laissez refroidir sur une grille.

›DÉGUSTATION

Vous pouvez servir ces mini-pavés tièdes avec un plateau de fromages ou de charcuterie de montagne. Pensez aussi à les présenter avec des poires de saison ou des pommes un peu acides comme la reine des reinettes ou la canada. Vous pouvez aussi les associer à une salade verte rehaussée de fines herbes.

Préparation : 35 minutes | *Repos : 1 heure 30* | *Cuisson : 20 minutes* | *Réalisation : facile* | *Coût : assez cher*

Les gressins
au fromage

Surprenez vos amis avec ces authentiques gressini (gressins en français).
Ces petits pains italiens, très rigolos et croustillants, feront le bonheur des gourmands.
Parfumés au parmesan, ils se savourent allègrement dès l'apéritif !

1 Préparation. Émiettez les 8 g de levure fraîche dans un bol, versez 1 cuillère à soupe d'eau tiède et la cuillère à café de miel. Laissez reposer 15 minutes dans un endroit chaud.

2 Mélange. Versez les 450 g de farine dans un grand saladier, creusez un puits et versez la levure délayée, l'œuf battu à la fourchette, les 3 cuillères à soupe d'huile d'olive, les 15 cl de lait tiède et la cuillère à café de sel. Mélangez bien et pétrissez 5 minutes.

Ingrédients
(pour 1 pain)

- ✓ *450 g de farine de blé ordinaire tamisée*
- ✓ *4 cuillères à soupe de parmesan râpé*
- ✓ *15 cl de lait tiède*
- ✓ *8 g de levure fraîche de boulanger*
- ✓ *3 cuillères à soupe d'huile d'olive*
- ✓ *2 pincées d'origan*
- ✓ *1 cuillère à café de miel*
- ✓ *1 œuf*
- ✓ *1 cuillère à café de sel*

3 Temps de repos. Couvrez la boule de pâte d'un linge et laissez-la gonfler 1 heure dans un endroit chaud, à l'abri des courants d'air.

4 Incorporation. Préchauffez le four à 150°C (th. 5). Ajoutez les 2 pincées d'origan et les 4 cuillères à soupe de parmesan râpé. Pétrissez 2 minutes. Votre pâte doit être élastique.

›ASTUCE

Les gressins se prêtent à toutes les envies. Vous pouvez les rouler dans 3 cuillères à soupe de grains de sésame avant de les passer au four. Ils seront alors très appréciés à l'apéritif avec du jambon cru enroulé autour. Vous pouvez aussi les rouler dans du gros sel broyé. Dans ce cas, vous ne mettrez qu'une petite pincée de sel fin dans la préparation de la pâte.

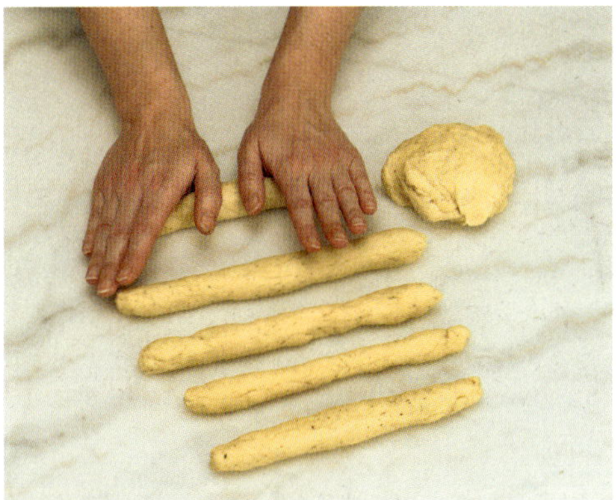

5 Façonnage. Huilez vos mains, formez de petits boudins de pâte et donnez-leur la forme de gressins de 25 cm de long environ. Déposez les gressins sur une plaque de four couverte d'un papier sulfurisé. Laissez reposez 10 minutes dans un endroit chaud.

6 Cuisson. Mettez au four pendant environ 20 minutes. Les gressins vont dorer. Servez-les tièdes à la sortie du four ou bien froids.

Préparation : 35 minutes | Repos : 2 heures | Cuisson : 20 minutes | Réalisation : facile | Coût : bon marché

Les petits pavés
camembert et fines herbes

Confectionnez ces petits pavés normands à l'occasion d'un buffet ou d'un repas de fête. Ils accompagneront à merveille une salade verte enrichie de dés de pommes et de petits lardons poêlés.

1 Préparation. Émiettez les 12 g de levure dans les 12 cl d'eau tiède et les 5 cl de lait tiède. Versez dans un saladier les 200 g de farine de blé ordinaire, les 150 g de farine demi-complète, la levure délayée et mélangez. Ajoutez les 2 cuillères à café de sel et la cuillère à soupe d'huile.

2 1er temps de repos. Pétrissez environ 8 à 10 minutes. Formez une boule de pâte, mettez-la dans un plat creux huilé. Couvrez d'un linge et laissez reposer 1 h dans un endroit chaud à l'abri des courants d'air.

Ingrédients
(pour 5 petits pavés)

- ✓ *200 g de farine de blé ordinaire tamisée*
- ✓ *150 g de farine demi-complète*
- ✓ *140 g de camembert*
- ✓ *1 pomme*
- ✓ *1 cuillère à soupe d'huile*
- ✓ *12 g de levure fraîche de boulanger*
- ✓ *12 cl d'eau tiède*
- ✓ *5 cl de lait tiède*
- ✓ *1 cuillère à soupe de fines herbes hachées*
- ✓ *2 cuillère à café de sel fin*

3 Préparation du camembert et de la pomme. Ôtez la croûte du camembert et découpez-le en petits dés. Épluchez la pomme, ôtez le cœur et les pépins et découpez la chair en petits dés.

4 Incorporation. Mettez la pâte à pain sur un plan de travail fariné et travaillez-la quelques instants en la repliant plusieurs fois. Incorporez les dés de camembert et de pomme et la cuillère à soupe de fines herbes hachées dans la pâte.

›ASTUCE

Choisissez de préférence un camembert pas trop fait pour cette recette. Quant à la pomme, une variété légèrement acide comme une reinette sera parfaite. Vous pouvez aussi poêler quelques instants les dés de pomme dans une noisette de beurre salé. Laissez-les refroidir avant de les incorporer à votre pâte.

5 2e temps de repos. Partagez la pâte en 5 pâtons et donnez-leur une forme carrée. Posez-les sur une plaque de four légèrement farinée. Couvrez d'un linge et laissez reposer 1 heure dans un endroit chaud à l'abri des courants d'air.

6 Cuisson. Préchauffez le four à 240°C (th. 8). Posez un bol d'eau dans le bas du four. Badigeonnez le dessus des pains d'un peu d'eau. Mettez à cuire 20 minutes, en baissant la température à 210°C (th. 7) les 10 dernières minutes. Laissez refroidir sur une grille.

Préparation : 35 minutes | *Repos : 3 heures* | *Cuisson : 45 minutes* | *Réalisation : assez facile* | *Coût : assez cher*

Le pain moulé
au parmesan

Charmez vos invités avec ce pain au parmesan qui sent bon le savoir-faire des mammas italiennes. Un pain rustique et savoureux, au goût de lait et de fromage, qui comblera tous les palais. Cette recette traditionnelle est idéale pour un repas servi en plein air.

1 Préparation. Mélangez les 20 g de levure fraîche émiettée dans un bol avec les 20 cl d'eau tiède.

2 Mélange et pétrissage. Dans un saladier, versez les 350 g de farine, les 40 g de lait en poudre, les 120 g de parmesan râpé, la cuillère et demie à café de sel et la cuillère à soupe de sucre. Mélangez puis ajoutez la levure délayée, les 2 cuillères à soupe d'huile d'olive. Pétrissez la pâte avec les mains pendant 10 minutes.

3 1er temps de repos. Déposez la pâte dans un plat creux légèrement huilé, couvrez d'un linge et laissez reposer 1 heure dans un endroit chaud à l'abri des courants d'air. La pâte va doucement gonfler.

4 Façonnage. Déposez la pâte sur un plan de travail fariné et rompez-la plusieurs fois avec les mains. Formez un pain de forme allongée et déposez-le dans un moule légèrement huilé.

5 2e temps de repos. Couvrez d'un linge et laissez reposer dans un endroit chaud pendant 2 heures. Après ce temps de repos, préchauffez le four à 240°C (th. 8). Déposez un bol d'eau tiède dans le bas de votre four.

6 Cuisson. Badigeonnez le pain d'un peu d'eau et saupoudrez d'un peu de parmesan râpé. Mettez à four chaud environ 45 minutes en baissant la température à 210°C (th. 7) les 10 dernières minutes. Laissez refroidir 15 minutes avant de démouler.

Ingrédients
(pour 1 pain)

- ✓ *350 g de farine de blé ordinaire tamisée*
- ✓ *20 g de levure fraîche de boulanger*
- ✓ *20 cl d'eau tiède (environ à 25°C)*
- ✓ *120 g de parmesan râpé + 1 cuillère à soupe*
- ✓ *40 g de lait en poudre*
- ✓ *1,5 cuillère à café de sel fin*
- ✓ *1 cuillère à soupe de sucre en poudre*
- ✓ *2 cuillères à soupe d'huile d'olive*
- ✓ *poivre du moulin*

Ustensile

- ✓ *un moule rectangulaire à bords hauts d'environ 27 cm*

›ASTUCE

Si vous n'avez pas de levure fraîche, vous pouvez très bien utiliser une levure sèche en sachets. Un sachet de 8 g de levure sèche vous permettra de faire lever jusqu'à 500 g de farine. Pour la préparer, versez la levure sèche dans un bol avec 2 cuillères à soupe d'eau ou de lait tiède et laissez reposer environ 15 minutes. Délayez rapidement la levure et incorporez-la à votre farine tamisée.

Préparation : 25 minutes | Repos : 3 heures | Cuisson : 35 minutes | Réalisation : facile | Coût : bon marché

Le pain
au gruyère

Confectionnez ce bon pain rustique et généreux qui ravira vos invités du soir. Riche en goût, il donnera de magnifiques tartines moelleuses. Il vous suffira d'y ajouter de bons fromages de terroir et un peu de charcuterie de montagne pour obtenir un repas savoureux.

1 Préparation. Délayez les 12 g de levure dans les 20 cl d'eau.

2 Mélange. Versez les 300 g de farine de blé ordinaire et les 100 g de farine de blé complète dans un saladier. Mélangez. Ajoutez la levure délayée, les 60 g de gruyère râpé, la pincée de piment en poudre, les 2 cuillères à soupe d'huile et les 2 cuillères à café de sel. Pétrissez la pâte 8 à 10 minutes.

Ingrédients
(pour 1 pain)

- ✓ *300 g de farine de blé ordinaire tamisée*
- ✓ *100 g de farine de blé complète*
- ✓ *60 g de gruyère râpé*
- ✓ *12 g de levure fraîche de boulanger*
- ✓ *20 cl d'eau tiède*
- ✓ *2 cuillères à soupe d'huile*
- ✓ *2 cuillères à café de sel*
- ✓ *1 pincée de piment en poudre*

3 1er temps de repos. Formez une boule de pâte. Mettez-la dans un plat creux huilé. Couvrez d'un linge et laissez gonfler dans un endroit chaud environ 1 heure.

4 Façonnage. Pliez la pâte plusieurs fois et façonnez un pain de forme allongée.

›ASTUCE

Si le morceau de gruyère est un peu trop sec, il vous suffira de le tremper dans un bol de lait durant une vingtaine de minutes avant de l'utiliser. Par ailleurs, si vous voulez donner un petit parfum supplémentaire à votre pain, prenez une huile de noix, plus typée en goût qu'une huile de tournesol.

5 2e temps de repos. Posez le pâton sur une plaque de four huilée et farinée. Couvrez d'un linge et laissez gonfler dans un endroit chaud environ 2 heures. Préchauffez le four à 240°C (th. 8).

6 Cuisson. Placez un bol d'eau dans le bas du four. Incisez le dessus du pain avec la pointe d'un couteau. Mettez à cuire environ 35 minutes en baissant la température à 210°C (th. 7) les 15 dernières minutes. Laissez refroidir sur une grille.

Préparation : 25 minutes | Repos : 3 heures | Cuisson : 40 minutes | Réalisation : facile | Coût : assez cher

Le pain
au bleu d'Auvergne

Que diriez-vous d'un bon pain croustillant à souhait, riche en saveurs fleurant bon la campagne et les herbages ? Ce classique auvergnat se prêtera parfaitement à un repas improvisé autour d'une table de charcuterie et de fromages affinés.

Ingrédients
(pour 1 pain)

- ✓ *350 g de farine de blé ordinaire tamisée + 1 cuillère à soupe*
- ✓ *100 g de bleu d'Auvergne*
- ✓ *50 g de cerneaux de noix*
- ✓ *1 cuillère à soupe d'huile*
- ✓ *12 g de levure fraîche de boulanger*
- ✓ *20 cl d'eau tiède*
- ✓ *1,5 cuillère à café de sel*

1 **Préparation.** Émiettez les 12 g de levure dans les 20 cl d'eau tiède. Hachez grossièrement les 50 g de cerneaux de noix.

2 **Pétrissage.** Versez les 350 g de farine dans un saladier, ajoutez la levure délayée, la cuillère à soupe d'huile, les cerneaux de noix, la cuillère et demie de sel. Pétrissez la pâte 8 à 12 minutes.

3 **1er temps de repos.** Formez une boule de pâte, mettez-la dans un plat creux huilé. Couvez d'un linge et laissez reposer au chaud environ 1 heure.

4 **Façonnage.** Pliez la pâte plusieurs fois. Émiettez les 100 g de bleu d'Auvergne et incorporez-les dans la pâte.

5 **2e temps de repos.** Donnez à votre pâte une forme ronde et placez-la sur une plaque de four farinée. Couvrez d'un linge et laissez au chaud environ 2 heures. Préchauffez le four à 240°C (th. 8).

6 **Cuisson.** Posez un bol d'eau dans le bas du four. Incisez le dessus du pain en forme de croix. Saupoudrez d'un peu de farine. Mettez à cuire 40 minutes, en baissant la température à 210°C (th. 7) les 10 dernières minutes. Laissez refroidir sur une grille.

›À SAVOIR

Le petit goût aigrelet du bleu d'Auvergne se marie parfaitement avec certains plats cuisinés, tels les gratins, les croques ou les plats de pâte. Les salades vertes, les salades d'endives ou de champignons frais sont aussi excellentes avec quelques dés de bleu d'Auvergne.

Préparation : 20 minutes | *Repos : 2 heures 30* | *Cuisson : 40 minutes* | *Réalisation : facile* | *Coût : assez cher*

Le pain moulé
feta et olives

Voici un magnifique pain, parfait pour égayer un buffet champêtre. Son agréable petit goût de fromage de brebis se marie avec bonheur avec les salades fraîches, les crudités ou les gratins de légumes du jardin.

1 Préparation. Émiettez les 15 g de levure dans les 12 cl d'eau tiède. Émiettez les 60 g de feta.

2 Pétrissage. Versez les 200 g de farine de blé ordinaire et les 150 g de farine de blé semi-complète dans un saladier. Ajoutez la levure délayée, les 5 cl de lait tiède, les 2 cuillères à café de sel et la feta émiettée. Mélangez, puis pétrissez 10 minutes.

3 1er temps de repos. Formez une boule de pâte, mettez-la dans un plat creux légèrement huilé. Couvrez d'un linge et laissez reposer dans un endroit chaud environ 1 heure.

4 Incorporation. Hachez les 40 g d'olives noires. Travaillez la pâte quelques instants, puis incorporez-y les olives hachées.

5 2e temps de repos. Formez un long boudin, mettez-le dans le moule légèrement huilé. Couvrez d'un linge et laissez reposer au chaud à l'abri des courants d'air environ 1 h 30.

6 Cuisson. Préchauffez le four à 240°C (th. 8). Placez un bol d'eau dans le bas du four. Badigeonnez le dessus du pain d'un peu d'eau. Mettez à cuire environ 40 minutes, en baissant la température 210°C (th. 7) les 10 dernières minutes.

Ingrédients
(pour 1 pain)

- ✓ *200 g de farine de blé ordinaire tamisée*
- ✓ *150 g de farine de blé semi-complète tamisée*
- ✓ *15 g de levure fraîche de boulanger*
- ✓ *12 cl d'eau tiède*
- ✓ *5 cl de lait tiède*
- ✓ *60 g de fromage feta*
- ✓ *40 g d'olives noires dénoyautées*
- ✓ *2 cuillères à café de sel*
- ✓ *huile d'olive*

Ustensile

- ✓ *un moule à pain ou à cake d'environ 24 cm*

›ASTUCE

Si vous souhaitez relever légèrement les saveurs de votre pain, ajoutez 2 pincées de poivre fraîchement moulu à votre pâte. D'autre part, si vous appréciez les notes poivrées, mais que vous ne souhaitez pas que cela se voie dans la pâte du pain, choisissez un poivre blanc plutôt qu'un poivre gris ou noir.

Préparation : 20 minutes | Repos : 3 heures | Cuisson : 20 minutes | Réalisation : facile | Coût : assez cher

Les petits pavés
à l'andouille

Ambiance terroir avec ces surprenants pavés à l'andouille.
Ils relèveront le goût de vos charcuteries et de votre plateau de fromage.
Une recette haute en goût et très originale.

Ingrédients
(pour 5 pavés)

- ✓ *350 g de farine de blé ordinaire tamisée*
- ✓ *100 g d'andouille*
- ✓ *12 g de levure fraîche de boulanger*
- ✓ *20 cl d'eau tiède*
- ✓ *2 cuillères à café de sel fin*

1 **Préparation de la levure.** Émiettez les 12 g de levure fraîche dans les 20 cl d'eau tiède.

2 Mélange. Versez dans un saladier les 350 g de farine de blé ordinaire. Ajoutez la levure délayée et les 2 cuillères à café de sel et mélangez bien. Travaillez la pâte environ 10 minutes jusqu'à ce qu'elle devienne souple et élastique sous les doigts.

3 **1er temps de repos.** Formez une boule de pâte, mettez-la dans un plat creux légèrement huilé. Couvrez d'un linge et laissez reposer environ 1 heure dans un endroit chaud à l'abri des courants d'air.

4 **Préparation de l'andouille.** Découpez les 100 g d'andouille en petits dés. Ajoutez les dés d'andouille puis pliez la pâte plusieurs fois.

5 **2e temps de repos.** Partagez la pâte en 5 morceaux. Donnez-leur une forme carrée et rangez-les sur une plaque de four légèrement farinée. Couvrez les pâtons d'un linge et laissez reposer environ 2 heures.

6 **Cuisson.** Préchauffez le four à 240°C (th. 8). Placez un bol d'eau dans le bas du four. Saupoudrez d'un peu de farine le dessus des pains et mettez à cuire 20 minutes en baissant la température à 210°C (th. 7) les 10 dernières minutes. Laissez refroidir sur une grille.

› DÉGUSTATION

Ces petits pavés à l'andouille sont particulièrement délicieux si vous les servez encore tièdes, accompagnés d'un beaujolais ou d'un Châteauneuf-du-Pape. Faciles à transporter, ils seront aussi très appréciés si vous les proposez à l'heure de la pause pique-nique.

Préparation : 35 minutes | Repos : 2 heures | Cuisson : 20 minutes | Réalisation : facile | Coût : bon marché

Les petits pavés *au jambon*

Jouez la carte de l'élégance gourmande et confectionnez ces petits pains charnus et moelleux, avec un beau jambon artisanal. Vous les présenterez avec le même succès à votre table ou lors d'un pique-nique en plein air. Surprise garantie !

Ingrédients
(pour 5 petits pavés)

- ✓ *350 g de farine de blé ordinaire tamisée*
- ✓ *100 g de jambon cuit taillé épais*
- ✓ *1 cuillère à soupe d'huile*
- ✓ *12 g de levure fraîche de boulanger*
- ✓ *17 cl d'eau tiède*
- ✓ *2 pincées de noix de muscade râpée*
- ✓ *2 cuillères à café de sel fin*

1 Préparation de la pâte. Délayez les 12 g de levure fraîche dans les 17 cl d'eau tiède. Versez les 350 g de farine de blé et la levure délayée dans un saladier. Mélangez. Ajoutez les 2 cuillères à café de sel et les 2 pincées de muscade râpée. Pétrissez pendant 8 à 10 minutes environ.

2 1er temps de repos. Formez une boule de pâte et mettez-la dans un plat creux huilé. Couvrez d'un linge et laissez reposer 1 heure dans un endroit chaud à l'abri des courants d'air. La pâte gonflera doucement.

3 Préparation du jambon. Découpez les 100 g de jambon en petits dés.

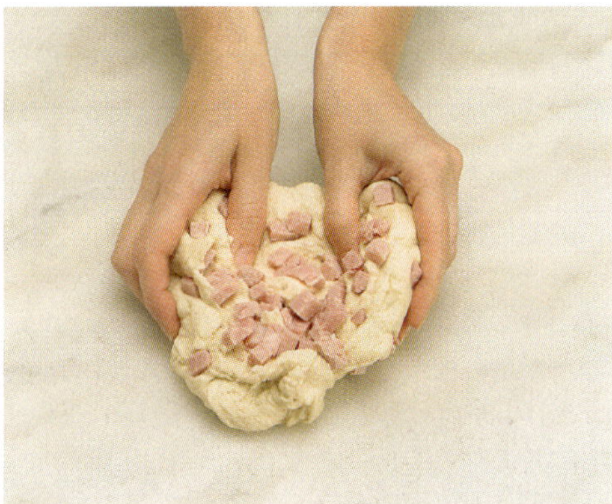

4 Incorporation. Mettez la pâte sur un plan de travail fariné et travaillez-la quelques instants. Incorporez les dés de jambon dans la pâte.

5 2e temps de repos. Partagez la pâte en 5 pâtons en leur donnant une forme carrée. Posez-les sur une plaque de four légèrement farinée. Couvrez d'un linge et laissez reposer dans un endroit chaud pendant 1 heure.

6 Cuisson. Préchauffez le four à 240°C (th. 8). Saupoudrez les petits pains d'un peu de farine. Placez un bol d'eau tiède dans le bas du four. Mettez à cuire environ 20 minutes en baissant la température à 210°C (th. 7) les 10 dernières minutes. Laissez refroidir sur une grille.

›ASTUCE

Veillez à ce que les dés de jambon soient suffisamment épais pour apporter leur saveur à vos pains. Pour la noix de muscade, privilégiez toujours une noix fraîchement râpée, beaucoup plus parfumée qu'une déjà moulue.

Préparation : 25 minutes | Repos : 3 heures | Cuisson : 25 minutes | Réalisation : facile | Coût : assez cher

La fougasse *aux lardons*

Célébrez le bonheur d'un déjeuner au soleil avec cette délicieuse fougasse aux lardons. Subtilement parfumée de quelques gouttes d'huile d'olive, sa mie moelleuse et goûteuse viendra enrichir avec bonheur votre menu du jour. Un pain généreux et très convivial.

1 Préparation de la pâte. Délayez les 12 g de levure émiettée dans les 20 cl d'eau tiède. Versez dans un bol les 400 g de farine la levure délayée. Mélangez bien. Incorporez les 2 cuillères à soupe d'huile d'olive et la cuillère à café et demie de sel. Pétrissez pendant 10 minutes environ.

2 1er temps de repos. Formez une boule lisse et homogène. Déposez la pâte dans un plat creux, couvrez d'un linge et laissez reposer 1 heure dans un endroit chaud à l'abri des courants d'air. La pâte gonflera doucement.

3 Façonnage. Incorporez les 100 g de lardons. Formez une nouvelle boule de pâte. Placez-la sur une plaque de four huilée et farinée et aplatissez-la pour former un grand cercle de la taille d'une grande assiette.

4 Découpe de la fougasse. Pratiquez 6 grandes entailles en biais de part et d'autre de la fougasse en vous aidant de la pointe d'un couteau. Agrandissez bien les entailles avec les doigts pour former des trous assez larges.

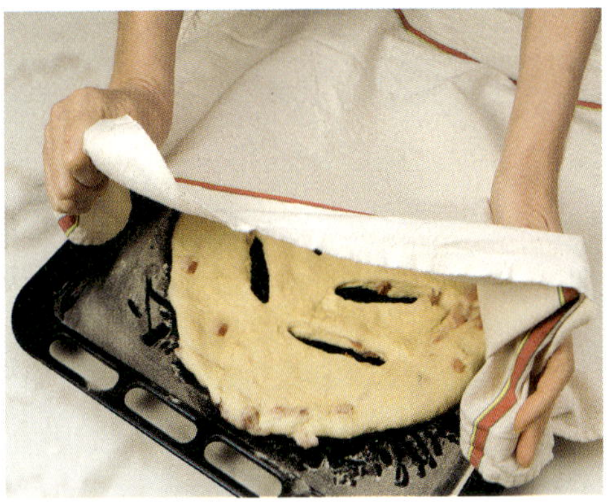

5 2e temps de repos. Couvrez d'un linge et laissez reposer dans un endroit chaud pendant 2 heures.

6 Cuisson. Préchauffez le four à 240° C (th. 8). Déposez un grand bol d'eau tiède dans le bas de votre four. Mettez la fougasse à four chaud pendant environ 25 minutes en baissant la température à 210°C (th. 7) les 15 dernières minutes. Laissez refroidir sur une grille.

Ingrédients
(pour 4 à 6 personnes)

- ✓ *400 g de farine de blé ordinaire tamisée*
- ✓ *12 g de levure fraîche de boulanger*
- ✓ *20 cl d'eau tiède (environ 25°C)*
- ✓ *100 g de lardons*
- ✓ *2 cuillères à soupe d'huile d'olive*
- ✓ *1,5 cuillère à café de sel fin*

›ASTUCE

Pour parfumer et bien dorer votre fougasse, vous pouvez la badigeonner avec 1 cuillère à soupe d'huile d'olive avant de l'enfourner. Vous pouvez aussi utiliser une huile parfumée faite maison.
Pour cela, il vous suffit de déposer 5 à 6 petits piments dans une bouteille d'huile d'olive extra-vierge première pression à froid. Fermez la bouteille et laissez reposer environ une semaine avant de la goûter.

Préparation : 20 minutes | *Repos : 1 heure 45* | *Cuisson : 20 minutes* | *Réalisation : facile* | *Coût : assez cher*

Les petits pains
au saucisson

Enrichis de quelques dés d'un goûteux saucisson sec et d'un peu de vin rouge gouleyant, ces petits pains pas comme les autres feront les délices de tous les amateurs de casse-croûte originaux. Fromages affinés et charcuterie de montagne sont les bienvenus !

Ingrédients
(pour 8 petits pains)

- ✓ *400 g de farine de blé ordinaire tamisée*
- ✓ *100 g de saucisson sec*
- ✓ *8 g de levure fraîche de boulanger*
- ✓ *1 cuillère à soupe d'huile*
- ✓ *25 cl de vin rouge (Beaujolais)*
- ✓ *1,5 cuillère à café de sel fin*

1 Préparation de la pâte. Délayez les 8 g de levure fraîche émiettée avec les 25 cl de vin rouge. Versez les 400 g de farine ordinaire dans un saladier et ajoutez la levure délayée. Mélangez bien. Versez la 1,5 cuillère à café de sel et la cuillère à soupe d'huile et mélangez.

2 Pétrissage. Pétrissez la pâte avec les mains pendant 10 minutes. Votre pâte doit former une boule lisse et homogène.

3 Temps de repos. Déposez la pâte dans un plat creux, couvrez d'un linge et laissez reposer 1 heure dans un endroit chaud à l'abri des courants d'air. La pâte gonflera doucement.

4 Incorporation. Ôtez la peau du saucisson puis découpez de petits dés de taille régulière. Incorporez-les à la pâte.

5 Façonnage. Rompez la pâte plusieurs fois avec les mains. Partagez la pâte en huit et façonnez huit pains allongés. Rangez les pains sur une plaque de four farinée. Couvrez d'un linge et laissez reposer dans un endroit chaud pendant 45 minutes.

6 Cuisson. Préchauffez le four à 240°C (th. 8). Déposez un grand bol rempli d'eau tiède dans le bas de votre four. Incisez en biais le dessus des pains. Mettez à four chaud environ 20 minutes en baissant la température à 210°C (th. 7) après 15 minutes, puis laissez refroidir sur une grille.

› VARIANTE

Ce pain au saucisson est originaire de la région du Beaujolais et se prépare traditionnellement avec du vin local. Mais pour le confectionner, vous pouvez aussi choisir un vin d'un autre vignoble comme un madiran ou un côtes-du-rhône. À vous de choisir ! Si vous voulez donner un bel aspect fariné à vos petits pains, saupoudrez-les avant d'enfourner d'un peu de farine en vous aidant d'une passoire fine.

Préparation : 25 minutes | Repos : 2 heures | Cuisson : 35 minutes | Réalisation : facile | Coût : assez cher

Le pain moutarde et jambon

Voici un pain très nourrissant et haut en saveurs qui plaira aux amateurs. Vous pourrez le proposer avec une salade verte ou un plateau de charcuterie. Il est aussi très agréable pour les pique-niques !

1 **Préparation.** Émiettez les 15 g de levure dans les 18 cl d'eau tiède.

2 **Mélange.** Versez les 350 g de farine de blé ordinaire et les 100 g de farine semi-complète dans un saladier. Ajoutez la levure délayée, le sel et les 5 cl d'huile d'olive. Pétrissez la pâte 8 à 10 minutes. Ajoutez si nécessaire un peu de farine ou d'eau.

Ingrédients
(pour 1 pain)

- *350 g de farine de blé ordinaire tamisée*
- *100 g de farine de blé semi-complète*
- *18 cl d'eau tiède*
- *15 g de levure fraîche*
- *5 cl d'huile d'olive*
- *2 cuillères à soupe de moutarde en grains*
- *2 tranches de jambon cuit taillé épais*
- *une pincée de sel fin*

3 **1er temps de repos.** Formez une boule de pâte, mettez-la dans un plat creux huilé. Couvrez d'un linge et laissez reposer environ 1 heure dans un endroit chaud à l'abri des courants d'air.

4 **Incorporation.** Découpez les 2 tranches de jambon en petits dés. Incorporez les dés de jambon et les 2 cuillères à soupe de moutarde dans la pâte. Travaillez la pâte encore 5 minutes, puis formez un pain allongé.

›DÉGUSTATION

Vous pouvez confectionner la même recette en faisant cuire votre pâte à pain dans un moule en terre cuite. Dans ce cas, prolongez le temps de cuisson de votre pain d'une dizaine de minutes. Laissez ensuite tiédir, puis démoulez le pain et laissez refroidir sur une grille.

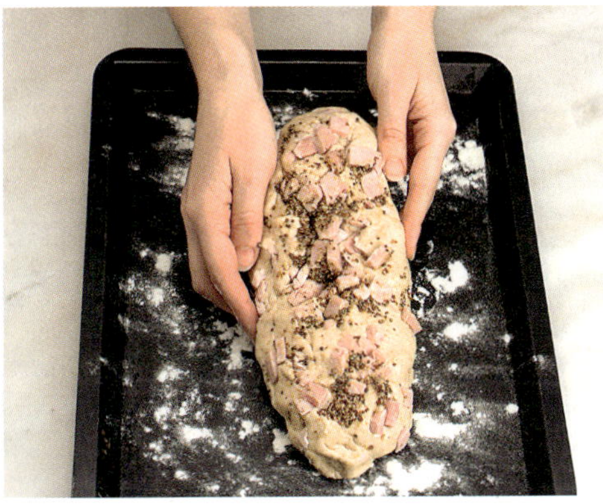

5 **2e temps de repos.** Placez le pâton sur une plaque de four légèrement farinée. Couvrez d'un linge et laissez reposer environ 1 heure dans un endroit chaud. Préchauffez le four à 240°C (th. 8).

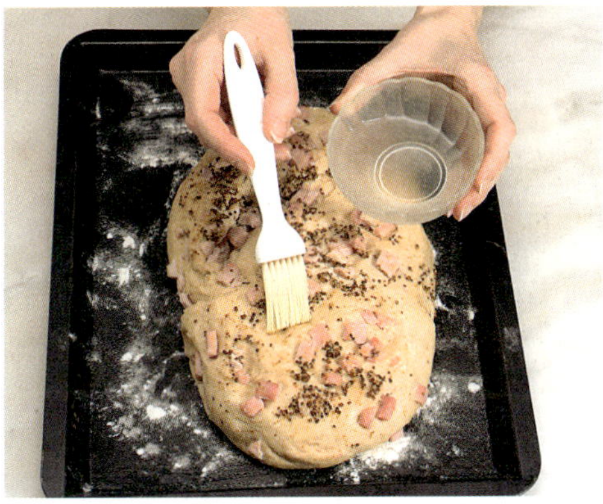

6 **Cuisson.** Posez un bol d'eau dans le bas du four. Incisez légèrement le dessus du pain en croisillons. Badigeonnez d'un peu d'eau et mettez à cuire environ 35 minutes, en baissant la température à 210°C (th. 7) les 10 dernières minutes. Laissez refroidir sur une grille.

Préparation : 20 minutes | *Repos : 2 heures 30* | *Cuisson : 25 minutes* | *Réalisation : facile* | *Coût : assez cher*

Le petit bougnat

Quoi de plus sympathique qu'un bon pain enrichi de lardons et de noix pour égayer une table dédiée aux saveurs du terroir ! Vous le savourerez avec un beau plateau de fromages affinés et de la charcuterie de montagne.

1 Préparation. Émiettez les 12 g de levure fraîche dans les 18 cl d'eau tiède.

2 Mélange. Versez les 220 g de farine de blé et les 120 g de farine de seigle dans un saladier. Ajoutez la levure délayée et mélangez. Incorporez les 60 g de cerneaux, les 2 cuillères à café de sel et les 2 cuillères à soupe d'huile. Poivrez. Pétrissez bien.

Ingrédients
(pour 1 pain)

- ✓ *220 g de farine de blé ordinaire tamisée + 1 cuillère à soupe*
- ✓ *120 g de farine de seigle*
- ✓ *40 g de lardons frais*
- ✓ *60 g de cerneaux de noix brisés*
- ✓ *18 cl d'eau tiède*
- ✓ *12 g de levure fraîche de boulanger*
- ✓ *2 cuillères à soupe d'huile de tournesol*
- ✓ *2 cuillères à café de sel*
- ✓ *poivre du moulin*

3 1er temps de repos. Formez une boule de pâte. Mettez-la dans un plat creux huilé. Couvrez d'un linge et laissez reposer dans un endroit chaud environ 1 h 30.

4 Préparation des lardons. Faites chauffer une poêle antiadhésive et versez les 40 g de lardons. Faites-les dorer en remuant avec une spatule pour éviter qu'ils n'attachent, puis ajoutez-les à la pâte.

›ASTUCE

Décortiquez vos noix de préférence au dernier moment. Elles auront encore plus de goût ! Si vous aimez les saveurs prononcées ou que vous n'avez pas de lardons frais, vous pouvez choisir des lardons fumés. Dans ce cas, diminuez légèrement la quantité de sel dans la pâte à pain.

5 Incorporation. Malaxez et pliez la pâte plusieurs fois pour bien incorporer les lardons. Façonnez un pain de forme ronde. Posez-le sur une plaque de four farinée et couvrez d'un linge. Laissez reposer dans un endroit chaud environ 1 heure.

6 Cuisson. Préchauffez le four à 240°C (th. 8). Incisez le dessus du pain en étoile en partant du centre. Saupoudrez avec la cuillère à soupe de farine. Mettez à cuire environ 25 minutes, en baissant la température à 210°C (th. 7) les 10 dernières minutes. Laissez refroidir sur une grille.

Les pains savoureux

Les petits suédois

Venus de Suède, ces délicieux et craquants petits pains enchanteront tous les gourmands. Faciles à conserver et à servir, quel que soit le moment de la journée, c'est sûr, vous allez les apprécier !

1 Préparation de la pâte. Délayez dans un bol les 25 cl d'eau tiède et les 15 g de levure fraîche. Mélangez dans un saladier les 500 g de farine, les 2 cuillères à café de sel, les 50 g de beurre ramolli ; ajoutez la levure délayée. Pétrissez la pâte avec les mains pendant 10 minutes.

2 Temps de repos. Mettez la pâte dans un plat creux huilé, couvrez d'un linge et laissez reposer 45 minutes dans un endroit chaud à l'abri des courants d'air. La pâte gonflera doucement.

3 Façonnage. Travaillez la pâte quelques instants, partagez-la en 16 boules et façonnez de petites navettes de taille régulière.

4 Temps de repos. Déposez les navettes sur une plaque de four légèrement farinée en veillant à bien les espacer. Laissez reposer 1 h 15 dans un endroit chaud.

5 1re cuisson. Préchauffez le four à 210°C (th. 7). Placez un bol d'eau tiède dans le bas de votre four. Badigeonnez d'un peu d'eau les navettes de pâte. Mettez à four chaud environ 12 minutes. Laissez refroidir les petits pains sur une grille.

6 2e cuisson. Laissez les petits pains reposer pendant 24 heures. Déposez-les sur une plaque chaude et mettez-les à griller dans un four préchauffé à 150°C (th. 5) pendant une dizaine de minutes. Laissez-les refroidir.

Ingrédients
(pour 16 petits pains)

- ✓ *500 g de farine de blé ordinaire tamisée*
- ✓ *15 g de levure fraîche de boulanger*
- ✓ *25 cl d'eau tiède (environ 25°C)*
- ✓ *50 g de beurre ramolli*
- ✓ *2 cuillères à café de sel fin*

›ASTUCE

Pour donner un petit parfum en plus à vos petits suédois, vous pouvez ajouter 20 g de graines de sésame à votre pâte avant la première cuisson. Au lieu de leur donner une forme allongée, vous pouvez donner à vos pains une forme ronde ou rectangulaire. Les petits suédois se conservent très bien plusieurs jours, rangés dans une boîte à biscuits métallique à l'abri de l'humidité.

Préparation : 15 minutes | Repos : 15 heures | Cuisson : 20 minutes | Réalisation : facile | Coût : assez cher

La ciabatta

Le moelleux incomparable de ce pain venu d'Italie est vraiment extraordinaire ! Vous l'apprécierez avec une belle assiette de charcuterie ou une grande salade de tomates parfumée d'huile d'olive. Une pure merveille !

1 Préparation du levain. La veille, mélangez les 5 g de levure fraîche et les 40 cl d'eau tiède dans un saladier. Versez en pluie les 550 g de farine de blé et mélangez bien avec une cuillère.

2 1er temps de repos. Travaillez ensuite la pâte quelques instants. Couvrez d'un linge et laissez gonfler 12 h dans un endroit chaud.

Ingrédients
(pour 4 pains ciabatta)

Pour le levain
- ✓ *5 g de levure fraîche de boulanger*
- ✓ *40 cl d'eau tiède*
- ✓ *550 g de farine de blé ordinaire tamisée*

Pour la pâte
- ✓ *10 g de levure fraîche*
- ✓ *500 g de levain*
- ✓ *500 g de farine de blé ordinaire tamisée*
- ✓ *30 cl d'eau tiède*
- ✓ *3 cuillères à café de sel*
- ✓ *3 cuillères à soupe d'huile d'olive*

3 Mélange. Partagez le levain en deux. Émiettez les 10 g de levure dans les 30 cl d'eau dans un saladier. Incorporez une moitié seulement du levain. Ajoutez les 3 cuillères à café de sel, les 3 cuillères à soupe d'huile et 500 g de farine en pluie et mélangez bien. Pétrissez quelques instants.

4 2e temps de repos. Déposez la pâte dans un saladier aux parois huilées. Couvrez d'un linge.Laissez gonfler environ 2 heures dans un endroit chaud et à l'abri des courants d'air.

›ASTUCE

Pensez à fariner vos mains pour manipuler plus facilement la pâte. Par ailleurs, il est intéressant pour le goût de confectionner une grande quantité de levain. Vous n'en utiliserez que la moitié dans cette recette. Vous pourrez offrir ce qui vous reste à une voisine ou une amie qui aime elle aussi confectionner son pain.

5 Façonnage. Divisez la pâte en 4 pâtons. Aplatissez légèrement les pâtons. Saupoudrez-les de farine.Déposez-les sur des plaques de four huilées et farinées, aplatissez-les légèrement, couvrez d'un linge et laissez gonfler au chaud 1 heure.

6 Cuisson. Préchauffez le four à 240 °C (th. 8). Déposez un bol d'eau tiède dans le bas de votre four. Mettez à cuire environ 20 minutes en baissant la température à 210°C (th. 7) après 10 minutes. Laissez refroidir sur une grille.

Préparation : 20 minutes | Repos : 13 heures | Cuisson : 15 à 20 minutes | Réalisation : assez facile | Coût : assez cher

Les buns

Aujourd'hui, tout le monde connaît le hamburger et son petit pain moelleux et léger. On peut l'accommoder à l'américaine selon la recette traditionnelle, mais on peut aussi inventer toutes sortes de sandwiches, salés ou sucrés, particulièrement savoureux grâce à ce pain doux. Idéal pour un repas d'enfants ou une partie de barbecue !

1 La veille. Préparation. Dans une casserole, faites tiédir les 40 cl de lait et les 30 g de margarine. Émiettez les 25 g de levure et délayez-les bien dans cette préparation. Ajoutez la cuillère à café de sel, puis les 600 g de farine.

2 Mélange et fermentation. Mélangez le tout et pétrissez la pâte jusqu'à ce qu'elle soit souple et lisse. Formez une boule. Couvrez-la d'un linge humide et laissez lever pendant la nuit.

Ingrédients
(pour 12 buns)

- ✓ 600 g de farine de blé ordinaire tamisée
- ✓ 25 g de levure fraîche de boulanger
- ✓ 40 cl de lait écrémé
- ✓ 30 g de margarine
- ✓ 1 cuillère à café de sel
- ✓ 1 œuf battu
- ✓ 2 cuillères à soupe de graines de sésame

3 Le jour même. Pétrissage. Vérifiez que la pâte a doublé de volume. Pétrissez-la sur le plan de travail fariné en l'écrasant et en la repliant sur elle-même. Étalez-la ensuite au rouleau à pâtisserie, sur 1 cm d'épaisseur. Préchauffez le four à 210°C (th. 7).

4 Façonnage. Découpez des ronds de 8 cm de diamètre avec un emporte-pièce ou, si vous n'en avez pas, en retournant un petit bol. Posez les petites galettes sur la plaque de cuisson graissée. Couvrez et laissez reposer à nouveau pendant 1 heure.

›VARIANTE

De vrais hamburgers

Ingrédients :
200 g de mayonnaise
- 2 gros oignons doux
- 3 grosses tomates
- 3 gros cornichons aigres-doux
- 12 petits steaks hachés (selon le nombre de pains).

Coupez les buns en deux. Tartinez les deux faces de mayonnaise. Émincez en tranches fines les oignons, les tomates et les cornichons. Disposez sur une face trois tranches d'oignon, de tomate et de cornichon. Faites cuire les steaks à la poêle et disposez-les sur chaque demi-pain. Recouvrez-les de l'autre moitié.

5 Décoration et cuisson. Les buns ont gonflé. Badigeonnez-les au pinceau avec l'œuf battu et saupoudrez-les de graines de sésame. Quand votre four est chaud, enfournez les petits pains et laissez cuire pendant 15 à 20 minutes. Ils doivent être dorés. Servez-les tièdes.

›DÉGUSTATION

Vous pouvez réaliser toutes sortes de garnitures avec les buns. Coupez-les en deux et tartinez l'intérieur du pain de mayonnaise.
Vous pouvez mettre une feuille de laitue et trois rondelles de tomate. Ensuite, ajoutez soit une tranche de jambon et une tranche de gruyère, soit du thon mélangé à de la mayonnaise avec des tranches de concombre, soit encore des morceaux de poulet avec des carottes râpées.

Préparation : 15 minutes | *Repos : 30 minutes* | *Cuisson : 30 minutes* | *Réalisation : facile* | *Coût : bon marché*

Le pain grec

Invitez la Grèce à votre table en confectionnant ce pain goûteux. Rapide à réaliser, vous pourrez le préparer juste avant le repas. Son délicat parfum de sésame séduira tous vos convives.

1 Préparation. Versez les 12 cl d'eau tiède dans un bol et délayez les 8 g de levure fraîche.

2 Pétrissage. Dans un saladier, versez les 250 g de farine et ajoutez la levure délayée, la cuillère à café de sel fin et la pincée de sucre en poudre. Mélangez bien. Pétrissez la pâte avec les mains pendant 5 minutes.

Ingrédients

(pour 4 à 6 personnes)

- ✓ *250 g de farine de blé ordinaire tamisée*
- ✓ *8 g de levure fraîche de boulanger*
- ✓ *12 cl d'eau tiède (environ à 30°C)*
- ✓ *1 jaune d'œuf*
- ✓ *1 cuillère à soupe d'huile d'olive*
- ✓ *1 cuillère à soupe de graines de sésame*
- ✓ *1 cuillère à café de sel fin*
- ✓ *1 pincée de sucre en poudre*

3 Temps de repos. Déposez la pâte dans un plat creux légèrement huilé, couvrez d'un linge et laissez reposer 30 minutes dans un endroit chaud à l'abri des courants d'air.

4 Façonnage. Étalez la pâte en une galette sur une plaque de four farinée.

›DÉGUSTATION

Servez ce pain avec un authentique repas grec traditionnel : une salade de tomates, concombres et feta, quelques olives parfumées à l'huile en entrée, une moussaka en plat principal et des douceurs sucrées comme un baklava au dessert. Vous pourrez servir de l'ouzo, au délicat petit parfum anisé, en boisson.

5 Finition. Mélangez le jaune d'œuf, la cuillère à soupe d'huile et badigeonnez le pain. Répartissez les graines de sésame.

6 Cuisson. Préchauffez le four à 210°C (th. 7). Déposez un bol d'eau tiède dans le bas du four. Mettez à cuire 30 minutes. Laissez refroidir sur une grille.

Préparation : 30 minutes | Repos : 30 minutes | Cuisson : 4 minutes par pain | Réalisation : assez facile | Coût : bon marché

Les parathas

Ce soir, imaginez une soirée indienne pour vos amis !
Vous leur proposerez ces délicieux pains plats croustillants
pour accompagner un poulet et un riz parfumés au curry doux.

Ingrédients
(pour 8 parathas)

- ✓ *220 g de farine de blé ordinaire tamisée*
- ✓ *12 cl d'eau tiède*
- ✓ *80 g de beurre fondu*
- ✓ *1 cuillère à soupe d'huile de tournesol*
- ✓ *1 cuillère à café de sel*

1 Préparation. Versez les 220 g de farine de blé ordinaire dans un saladier. Ajoutez la cuillère à soupe d'huile, la cuillère à café de sel et les 12 cl d'eau. Mélangez ; la pâte doit être souple et élastique. Travaillez-la environ 1 minute.

2 Temps de repos. Mettez la pâte dans un plat creux légèrement huilé. Couvrez d'un linge et laissez reposer environ 30 minutes dans un endroit chaud.

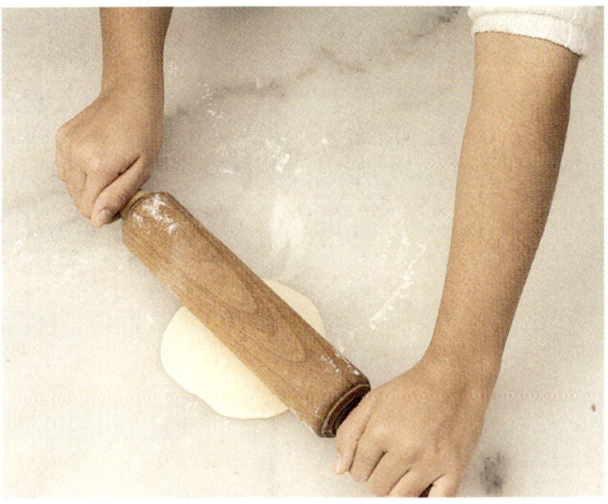

3 Début du façonnage. Divisez la pâte en 8 petites boules. Étalez chaque boule en un disque d'environ 12 cm de diamètre. Badigeonnez de beurre fondu chaque disque de pâte avec un pinceau.

4 Façonnage. Pliez un disque en deux. Badigeonnez de beurre fondu et repliez pour former un triangle. Procédez de la même manière avec le reste de pâte, en prenant soin de couvrir les triangles de pâte d'un linge. Agrandissez chaque triangle de pâte en les aplatissant légèrement avec un rouleau.

5 Finition. Faites chauffer une poêle huilée. Badigeonnez chaque triangle de pâte d'un peu de beurre fondu.

6 Cuisson. Mettez les triangles, côté beurré en bas, dans la poêle. Laissez dorer 2 minutes, badigeonnez d'un peu de beurre fondu. Retournez les triangles et laissez dorer 2 minutes de l'autre côté. Gardez les pains cuits au chaud dans le four, pendant la cuisson des autres pains. Servez aussitôt.

›ASTUCE

Ces pains sont particulièrement délicieux si vous les préparez juste avant de les servir à table. Ils développent alors au mieux tous leurs arômes de beurre. Faites comme les cuisinières indiennes et ajoutez une ou deux petites pincées de cannelle ou de quatre-épices dans la pâte avant de l'étaler.

Préparation : 1 heure | Repos : 2 heures | Cuisson : 12 minutes | Réalisation : facile | Coût : bon marché

Les pitas

Les pitas sont de petites galettes de pain plat que l'on mange dans tout le Moyen-Orient. Leur pâte fine et tendre gonfle en cuisant, mais retombe ensuite, formant une sorte de poche que l'on ouvre en deux pour la fourrer de différents mets. Généralement, on farcit les pitas avec des boulettes de viande grillées et des crudités.

Ingrédients
(pour 12 pitas)

- ✓ *450 g de farine de blé ordinaire tamisée*
- ✓ *15 g de levure fraîche de boulanger*
- ✓ *28 cl d'eau tiède (25°C)*
- ✓ *2 cuillères à soupe d'huile d'olive*
- ✓ *1 cuillère à café de sel*

1 Préparation. Dans un saladier, émiettez les 15 g de levure et délayez-les avec les 28 cl d'eau tiède. Incorporez 1 cuillère à soupe d'huile d'olive, puis 150 g de farine. Mélangez bien pour obtenir une sorte de levain lisse et mou. Couvrez d'un linge humide et laissez lever pendant 20 minutes à 25°C.

2 Mélange. Cette pâte doit avoir doublé de volume. Ajoutez-lui les 300 g de farine restant en les incorporant petit à petit par poignées, puis ajoutez la cuillère à café de sel. Mélangez bien et pétrissez la pâte pendant 10 minutes jusqu'à ce qu'elle devienne ferme et lisse.

3 Fermentation. Façonnez alors une boule et enduisez-la d'une cuillère à soupe d'huile d'olive. Mettez-la dans un saladier, couvrez d'un linge humide et laissez-la reposer pendant 1 h 30 dans un endroit tempéré (25°C).

4 Pétrissage. Vérifiez que la pâte a bien doublé de volume. Faites-la retomber en l'écrasant avec les poings et en la repliant sur elle-même plusieurs fois. Roulez-la ensuite en un long boudin afin de la diviser en douze morceaux égaux.

5 Modelage. Formez des boules entre vos mains farinées. Aplatissez-les légèrement et recouvrez-les d'un torchon sec. Laissez reposer 10 minutes. Étalez chaque morceau, en une galette très fine. Préchauffez le four à 240°C (th. 8) en conservant la plaque de cuisson à l'intérieur.

6 Cuisson. Lorsque le four est chaud, aspergez un peu d'eau sur la plaque et déposez les pitas. Faites-les cuire 2 à 3 minutes puis recommencez avec les suivantes. Mettez-les ensuite sur une grille, laissez-les tiédir et recouvrez-les d'un torchon pour qu'elles restent tendres.

Préparation : 20 minutes | Repos : 1 heure 20 | Cuisson : 8 minutes | Réalisation : facile | Coût : bon marché

Les pains indiens

Découvrez les délices de la cuisine indienne. Ces pains traditionnels que l'on appelle des « naans » sont très faciles à préparer. Pourquoi ne pas en profiter pour confectionner des brochettes de poulet tikka et inviter tous vos amis ?

Ingrédients
(pour 6 pains)

- ✓ *450 g de farine de blé ordinaire tamisée*
- ✓ *15 cl de lait tiède*
- ✓ *1 yaourt tempéré*
- ✓ *1 œuf*
- ✓ *50 g de beurre*
- ✓ *20 g de levure fraîche de boulanger*
- ✓ *2 cuillères à café de sucre en poudre*
- ✓ *2 cuillères à soupe d'huile*
- ✓ *1,5 cuillère à café de sel fin*

1 Préparation. Versez les 15 cl de lait tiède dans un bol et délayez les 20 g de levure fraîche.

2 Pétrissage. Versez les 450 g de farine dans un saladier et ajoutez la levure délayée. Mélangez bien. Versez la cuillère et demie à café de sel, les 2 cuillères à café de sucre en poudre, l'œuf, le yaourt et les 2 cuillère à soupe d'huile. Pétrissez la pâte avec les mains pendant 10 minutes.

3 Temps de repos. Déposez la pâte qui doit être lisse et homogène, dans un plat creux huilé, couvrez d'un linge et laissez reposer 1 heure dans un endroit chaud à l'abri des courants d'air. La pâte va doucement gonfler.

4 Façonnage. Travaillez la pâte quelques instants, puis partagez-la en 6 parts égales. Formez 6 petites boules de pâte. Préchauffez le four à 240°C (th. 8).

5 2e temps de repos. Rangez les pains sur une plaque de four farinée. Couvrez d'un linge et laissez reposer dans un endroit chaud pendant 15-20 minutes. Faites fondre les 50 g de beurre dans une petite casserole à fond épais. Placez une autre plaque de four vide dans le four préchauffé.

6 Cuisson. Aplatissez les boules à la main (la longueur de chaque pain est d'environ 25 cm et la largeur de 13 cm) puis badigeonnez-les d'un peu de beurre fondu. Posez les pains sur la plaque de four chauffée. Mettez à four chaud environ 10 minutes. Servez aussitôt.

› DÉGUSTATION

Ces délicieux petits pains se servent généralement chauds. Quand vous les confectionnez, réservez-les au fur et à mesure dans votre four à 60°C (th. 2) couverts d'une feuille de papier aluminium. Disposez-les ensuite sur la table, enveloppés dans une serviette. Ils accompagnent parfaitement les plats en sauce et les brochettes.

Préparation : 1 heure | Repos : 3 heures 45 | Cuisson : 20 minutes | Réalisation : assez facile | Coût : assez cher

Les bagels

Ces petits pains troués d'origine juive ont suivi les émigrants polonais à New York, où ils ont acquis leur notoriété. Selon la tradition, on les mange avec du saumon fumé et de la crème fraîche, ou du fromage frais. Mais la variété de leur assaisonnement, sucré ou salé, en fait de délicieux pains pour toutes sortes de sandwiches.

Ingrédients
(pour environ 20 bagels)

- ✓ *400 g de farine de blé ordinaire tamisée*
- ✓ *15 g de levure fraîche de boulanger*
- ✓ *20 cl de lait*
- ✓ *1 cuillère à café de sucre en poudre*
- ✓ *1 cuillère à café de sel*
- ✓ *1 œuf*
- ✓ *2 cuillères à soupe de beurre fondu (environ 30 g)*

Pour la garniture, au choix graines de pavot, de sésame, gros sel, raisins et cannelle

1 Préparation. Délayez les 15 g de levure dans les 20 cl de lait. Dans un bol à part, séparez le jaune du blanc de l'œuf et battez ce dernier légèrement. Réservez le jaune pour dorer les pains.

2 Mélange. Dans un saladier, mettez les 400 g de farine et la cuillère à café de sel, creusez un puits au centre. Versez la levure délayée dans le lait, puis la cuillère à café de sucre, les 2 cuillères àsoupe de beurre fondu et, enfin, le blanc d'œuf. Mélangez souplement.

3 Pétrissage. Au début, la pâte est molle. Pétrissez pendant 10 minutes pour qu'elle devienne élastique. Formez une boule, couvrez d'un linge et laissez reposer 3 heures à température ambiante. Vérifiez que la pâte a bien levé. Pétrissez-la à nouveau pour la faire retomber.

4 Mise en forme. Divisez la pâte en deux et façonnez deux boudins que vous détaillerez en dix morceaux. Roulez des petites boules entre vos mains farinées. Enfoncez un doigt au centre des bagels et élargissez le trou afin d'en faire de petites couronnes. Aplatissez-les légèrement.

5 Décoration. Couvrez les bagels d'un linge et laissez lever 45 minutes à température ambiante. Préchauffez le four à 200°C (th. 6-7). Portez à ébullition une casserole d'eau. Plongez les bagels par 3 pendant 30 secondes. Retirez-les avec une écumoire, puis disposez-les sur la plaque du four graissée. Badigeonnez-les avec le jaune d'œuf battu et délayé dans un peu d'eau.

6 Cuisson. Parsemez-les de la garniture choisie. Les bagels traditionnels sont aux graines de pavot. Faites-les cuire 20 minutes environ, jusqu'à ce qu'ils soient bien dorés et gonflés. Laissez-les refroidir sur une grille ou servez-les tièdes.

Préparation : 35 minutes | Repos : 2 heures | Cuisson : 15 minutes | Réalisation : facile | Coût : bon marché

Les galettes *toscanes*

Étonnez vos amis avec ces petites galettes venues de la belle Italie. Croustillantes à souhait, elles sauront trouver une place de choix dans un repas estival. Elles font également un délicieux en-cas à grignoter à tout moment de la journée !

1 **Préparation de la pâte.** Versez les 12 g de levure dans les 18 cl d'eau tiède et mélangez. Versez les 400 g de farine dans un saladier et ajoutez la levure délayée. Mélangez bien. Incorporez les 2,5 cuillères à café de sel. Ajoutez 5 cl d'huile d'olive. Pétrissez pendant 10 minutes environ.

2 **1er temps de repos.** Formez une boule de pâte. Déposez-la dans un plat creux légèrement huilé. Couvrez d'un linge et laissez reposer environ 1 heure dans un endroit chaud à l'abri des courants d'air.

3 **Façonnage.** Déposez la pâte sur un plan de travail fariné et travaillez-la quelques instants. Partagez-la en 6 boules. Étalez en cercles sur une épaisseur de 5 mm. Posez les galettes sur les plaques de four légèrement huilées.

4 **Finition.** Enfoncez légèrement le doigt à plusieurs endroits sur le dessus des galettes. Saupoudrez d'un peu de gros sel et parsemez de feuilles de basilic. Arrosez de quelques gouttes d'huile d'olive.

5 **2e temps de repos.** Couvrez d'un linge et laissez reposer dans un endroit chaud pendant 1 h. Préchauffez le four à 240°C (th. 8). Ôtez les feuilles de basilic.

6 **Cuisson.** Placez un bol d'eau dans le bas du four. Mettez à cuire environ 15 minutes en baissant la température à 210°C (th. 7) après 5 minutes. Laissez refroidir sur une grille.

Ingrédients
(pour 6 galettes)

- ✓ *400 g de farine de blé ordinaire tamisée*
- ✓ *12 g de levure fraîche de boulanger*
- ✓ *18 cl d'eau tiède*
- ✓ *une douzaine de feuilles de basilic*
- ✓ *2 cuillères à soupe de gros sel*
- ✓ *huile d'olive*
- ✓ *2,5 cuillères à café de sel fin*

›ASTUCE

Pour renforcer les saveurs de vos galettes, vous pouvez ajouter une ou deux pincées de thym ou de romarin sur le dessus de la pâte juste avant la cuisson au four. Un mélange de farine complète et de farine blanche donnera aussi un très bon résultat.
Ces galettes sont à savourer de préférence à la sortie du four.

Préparation : 25 minutes | *Repos : 2 heures 45* | *Cuisson : 25 minutes* | *Réalisation : facile* | *Coût : bon marché*

Les bretzels salés

Épatez vos amis et confectionnez ces petits bretzels typiquement alsaciens. Ils seront parfaits à l'heure de l'apéritif et rien ne pourra mieux les accompagner qu'une bonne bière blonde fraîchement tirée. Il ne vous restera plus qu'à convier les cigognes !

Ingrédients
(pour 5 bretzels)

Pour le levain
- ✓ *100 g de farine de blé ordinaire tamisée*
- ✓ *8 cl d'eau tiède*
- ✓ *5 g de levure fraîche de boulanger*

Pour la pâte
- ✓ *300 g de farine de blé ordinaire tamisée*
- ✓ *5 g de levure fraîche de boulanger*
- ✓ *5 g de sucre en poudre*
- ✓ *7 cl d'eau*
- ✓ *5 cl d'huile de tournesol*
- ✓ *1 œuf*
- ✓ *1 pincée de sel fin*
- ✓ *gros sel*

1 **Préparation du levain.** Mélangez les 100 g de farine, les 5 g de levure de boulanger et les 8 cl d'eau dans un grand bol. Couvrez d'un linge et laissez gonfler 1 heure dans un endroit chaud à l'abri des courants d'air.

2 **Préparation de la pâte.** Versez les 300 g de farine ordinaire tamisée, les 5 g de levure, les 5 g de sucre en poudre, la pincée de sel et les 7 cl d'eau tiède dans un saladier. Mélangez.

3 **Incorporation du levain.** Incorporez peu à peu le levain puis les 5 cl d'huile de tournesol dans la pâte. Pétrissez bien. Couvrez d'un linge et laissez reposer 15 minutes.

4 **Façonnage.** Découpez 5 pâtons. Allongez-les en rendant les extrémités plus minces. Donnez-leur une longueur d'environ 40 cm. Croisez les extrémités et ramenez-les vers l'intérieur pour former les bretzels.

5 **Temps de repos.** Déposez les bretzels sur une plaque de four légèrement huilée. Couvrez d'un linge et laissez lever 1 h 30 dans un endroit chaud à l'abri des courants d'air.

6 **Cuisson.** Préchauffez le four à 210°C (th. 7). Déposez un grand bol d'eau dans le bas de votre four. Badigeonnez les bretzels d'un peu d'œuf battu, saupoudrez de gros sel et mettez à cuire environ 25 minutes. Laissez ensuite refroidir sur une grille.

›ASTUCE

Vous pouvez parfumer vos bretzels en ajoutant 1 cuillère à café de cumin dans la pâte. Vous pouvez éventuellement ajouter aussi un peu de poivre fraîchement moulu pour relever les saveurs des bretzels, ou encore mélanger au gros sel un peu de thym ou de romarin en poudre.

Préparation : 20 minutes | *Repos : 3 heures 30* | *Cuisson : 40 minutes* | *Réalisation : facile* | *Coût : bon marché*

Le pain
aux oignons caramélisés

Essayez ce pain goûteux qui complétera parfaitement une table de bons produits du terroir. Son petit goût sucré-salé relèvera de manière originale les fromages affinés et les charcuteries.

1 Préparation de la pâte. Émiettez les 10 g de levure dans 10 cl d'eau tiède. Versez les 400 g de farine de blé et les 100 g de farine de seigle dans un saladier. Ajoutez la levure délayée, les 4 cuillères à soupe d'huile, le reste d'eau et les 2,5 cuillères à café de sel. Mélangez.

2 1er temps de repos. Pétrissez la pâte environ 8 minutes. Formez une boule de pâte, mettez-la dans un plat creux huilé. Couvrez d'un linge et laissez reposer 2 heures dans un endroit chaud à l'abri des courants d'air.

Ingrédients
(pour 1 pain)

- ✓ *400 g de farine de blé ordinaire tamisée*
- ✓ *100 g de farine de seigle tamisée*
- ✓ *25 cl d'eau tiède*
- ✓ *4 cuillères à soupe d'huile d'olive + 1 cuillère à soupe*
- ✓ *10 g de levure fraîche de boulanger*
- ✓ *2,5 cuillères à café de sel*
- ✓ *2 oignons*
- ✓ *1 cuillère à soupe de sucre en poudre*
- ✓ *poivre du moulin*

3 Préparation des oignons. Épluchez les 2 oignons et hachez finement. Faites chauffer une cuillère à soupe d'huile d'olive dans une poêle et faites dorer les oignons hachés. Ajoutez la cuillère à soupe de sucre, le poivre et laissez légèrement caraméliser.

4 Façonnage. Travaillez la pâte quelques instants et ajoutez les oignons hachés. Formez une boule de pâte. Posez-la sur une plaque de four légèrement farinée.

›VARIANTE

Vous pouvez confectionner votre pain en réalisant un mélange à quantités égales d'échalotes et d'oignons hachés. Pour donner un bel effet croustillant, saupoudrez le dessus de votre pain de deux cuillères à soupe d'oignons finement hachés juste au moment de l'enfourner.

5 2e temps de repos. Couvrez d'un linge et laissez reposer 1 h 30 dans un endroit chaud. Préchauffez le four à 240°C (th. 8).

6 Cuisson. Posez un bol d'eau dans le bas du four. Incisez le dessus du pain en croisillons. Badigeonnez le dessus d'un peu d'eau. Mettez à cuire environ 40 minutes, en baissant la température à 210°C (th. 7) les 15 dernières minutes. Laissez refroidir sur une grille.

Préparation : 25 minutes | *Repos : 3 heures* | *Cuisson : 45 minutes* | *Réalisation : facile* | *Coût : bon marché*

Le pain au persil
et à l'échalote

Osez les associations originales et goûteuses avec ce pain moelleux, aux saveurs pimpantes d'échalotes et de persil. Sachez qu'il sera délicieux, tranché et légèrement toasté. Un vrai pain de gourmet !

1 Préparation. Émiettez les 12 g de levure dans les 10 cl d'eau. Versez les 225 g de farine ordinaire, les 125 g de farine semi-complète, les 10 cl de lait tiède et la levure délayée dans un saladier. Mélangez et ajoutez les 2 cuillères à café de sel. Pétrissez la pâte 8 à 10 minutes.

2 1er temps de repos. Formez une boule de pâte, mettez-la dans un plat creux huilé. Couvrez d'un linge et laissez reposer 1 h 30 dans un endroit chaud.

3 Préparation de la garniture. Rincez le persil, essuyez-le et hachez-le finement. Épluchez et hachez les échalotes. Faites-les revenir doucement quelques instants dans une poêle antiadhésive. Ôtez du feu. Laissez refroidir.

4 Façonnage. Incorporez le persil et les échalotes dans la pâte. Travaillez la pâte quelques instants et donnez-lui la forme d'un pain allongé.

5 2e temps de repos. Placez-le dans le moule légèrement huilé. Couvrez d'un linge et laissez reposer 1 h 30 dans un endroit chaud. Préchauffez le four à 240°C (th. 8). Placez un bol d'eau dans le bas du four.

6 Cuisson. Mouillez le dessus du pain d'un peu d'eau, saupoudrez de poivre et de gros sel. Mettez à cuire environ 45 minutes, en baissant la température à 210°C (th. 7) les 10 dernières minutes. Laissez tiédir 10 minutes et démoulez.

Ingrédients
(pour 1 pain)

- ✓ *225 g de farine de blé ordinaire tamisée*
- ✓ *125 g de farine de blé semi-complète*
- ✓ *2 échalotes*
- ✓ *1 petit bouquet de persil*
- ✓ *12 g de levure fraîche de boulanger*
- ✓ *10 cl de lait tiède*
- ✓ *10 cl d'eau tiède*
- ✓ *2 cuillères à café de sel*
- ✓ *poivre du moulin*
- ✓ *1 cuillère à café de gros sel*

Ustensile
- ✓ *un moule à cake*

› ASTUCE

Si vous avez quelque difficulté pour faire lever votre pain, la température de votre pièce étant trop basse, allumez votre four au th. 1 (30°C). Placez le pain moulé dans le four, couvrez-le d'un linge en laissant la porte du four entrouverte durant 30 minutes. Éteignez alors le four, fermez la porte et laissez le pain au chaud selon le temps indiqué dans la recette.

Préparation : 50 minutes | *Repos : 18 heures 30* | *Cuisson : 25 minutes* | *Réalisation : facile* | *Coût : assez cher*

Le pain
à l'ail

Dans ce pain très facile à faire, l'ail apporte une note ensoleillée sans être trop présent. Les amateurs le dégustent avec un filet d'huile d'olive et de la tomate écrasée, ou en accompagnement d'un repas méridional. Il se combine aussi très bien avec les plats de viande en sauce. Certains le préfèrent tartiné avec du fromage frais.

Ingrédients
(pour 2 pains)

- ✓ *250 g de farine de blé ordinaire tamisée*
- ✓ *15 cl d'eau tiède (25°C)*
- ✓ *80 g de levain*
- ✓ *5 g de levure fraîche de boulanger*
- ✓ *1 cuillère à café de sel*
- ✓ *2 gousses d'ail frais haché*

Pour le levain

- ✓ *50 g de farine de seigle tamisée*
- ✓ *100 g de farine de blé tamisée*
- ✓ *2 cuillères à soupe d'eau tiède (25°C)*

1 La veille. Préparation du levain «chef». Le levain se prépare en deux étapes ; la première s'appelle le levain chef. Mettez 50 g de farine de seigle dans un saladier. Incorporez 1 cuillère d'eau tiède en mélangeant. Vous obtenez une pâte épaisse. Couvrez-la d'un linge humide et laissez reposer une nuit.

2 Le jour même. Levain : 2e étape. Versez le levain «chef» dans un saladier, puis ajoutez les 100 g de farine de blé et une cuillère à soupe d'eau. Quand la pâte est lisse, couvrez-la d'un linge humide, laissez-la lever pendant 4 heures au moins. Plus vous la laisserez lever longtemps, plus son goût sera prononcé.

3 Préparation de la pâte à pain. Mettez les 250 g de farine sur le plan de travail, creusez un puits et versez les 15 cl d'eau tiède au centre. Incorporez du bout des doigts et pétrissez pendant 5 minutes. Façonnez une boule, recouvrez-la d'un linge humide et laissez-la reposer 30 minutes.

4 Mélange. Incorporez à cette pâte 80 g de levain et les 5 g de levure en les émiettant au-dessus de la pâte. Avec le reste de levain vous pouvez confectionner un autre pain de votre choix. Pétrissez pendant 5 minutes et ajoutez la cuillère à café de sel. Enfin, incorporez l'ail haché finement.

5 Temps de repos. Faites une boule, déposez-la dans un saladier et recouvrez d'un linge humide. Laissez reposer 1 heure dans un endroit tempéré (25°C). Remodelez la pâte et façonnez deux boules légèrement allongées. Laissez lever pendant 1 heure.

6 Cuisson. Préchauffez le four à 220°C (th. 8). Déposez un plat à gratin rempli d'eau chaude dans le bas du four. Quand le four est chaud, enfournez et laissez cuire pendant 25 minutes. Surveillez la coloration et, si nécessaire, baissez la température à 180°C (th. 6).

›ASTUCE

Vous pouvez savourer le pain à l'ail «à l'anglaise». Il suffit de le trancher finement, de beurrer les tranches et de les faire légèrement griller au four. C'est délicieux !
Vous pouvez aussi le servir en canapés, avec du fromage de chèvre frais tartiné sur le dessus ou bien encore le toaster puis le servir avec des tranches de tomates crues et quelques feuilles de basilic frais.

La focaccia
tomate et oignon

Vivez à l'heure de l'Italie et préparez cette traditionnelle focaccia. Fourré de petites tomates gorgées de soleil, de mozzarelle onctueuse, délicatement parfumé d'herbes aromatiques, ce pain constitue à lui tout seul un repas. Parfait pour les pique-nique ou les repas en terrasse !

1 Mélange. Émiettez les 15 g de levure dans un bol et versez 2 cuillères à soupe d'eau tiède.

2 Préparation de la pâte. Versez les 480 g de farine tamisée dans un saladier, creusez un puits et versez la levure diluée et les 2 cuillères à soupe d'huile d'olive. Mélangez et ajoutez la cuillère à café de sel. Pétrissez la pâte pendant 10 minutes environ. Ajoutez un peu d'eau si elle vous paraît sèche.

3 Temps de repos. Formez une boule de pâte, mettez-la dans un saladier aux parois huilées et couvrez d'un linge. Laissez reposer 1 heure. Préchauffez le four à 210°C (th. 7). Lavez les 400 g de tomates, essuyez-les et placez-les dans un plat à four. Salez, poivrez et mettez à four chaud 20 minutes.

4 Préparation de la garniture. Épluchez les 2 oignons et hachez-les. Versez 1 cuillère à soupe d'huile d'olive dans une poêle et faites doucement revenir pendant 5 minutes environ les oignons en les assaisonnant avec un peu de sel et de poivre. Coupez les 150 g de mozzarella en petits dés.

5 Façonnage. Travaillez la pâte pendant 2 à 3 minutes puis coupez-la en deux parts égales. Étalez celles-ci sur un plan de travail fariné et faites-en deux cercles de 26 cm de diamètre. Parsemez le 1er cercle de pâte d'oignons, de tomates, de dés de mozzarella et d'un peu de thym.

6 Cuisson. Couvrez avec l'autre cercle de pâte et soudez bien les bords. Couvrez d'un linge et laissez reposer environ 30 minutes. Badigeonnez d'un peu de gros sel et d'huile d'olive et mettez au four pendant environ 30 minutes. Servez chaud avec de l'huile d'olive à volonté.

Ingrédients

(pour 4 à 6 personnes)

Pour la pâte

- ✓ *480 g de farine de blé ordinaire tamisée*
- ✓ *2 cuillères à soupe d'huile d'olive*
- ✓ *25 cl d'eau tiède (25°C)*
- ✓ *15 g de levure fraîche de boulanger*
- ✓ *1 cuillère à café de sel*

Pour la garniture

- ✓ *400 g de tomates cerises*
- ✓ *2 oignons*
- ✓ *150 g de mozzarella*
- ✓ *2 cuillères à soupe d'huile d'olive*
- ✓ *2 brins de thym*
- ✓ *huile d'olive, gros sel et poivre du moulin*

›ASTUCE

Si vous n'avez pas de tomates cerises, vous pouvez tout aussi bien utiliser des tomates de taille moyenne. Il vous suffira de les couper en quartiers puis en dés et de veiller à ôter les graines et le jus pour qu'il n'y ait pas une trop grande quantité de liquide dans la pâte à pain. Et avec la même quantité de pâte, vous pouvez aussi facilement confectionner une foccacia de forme rectangulaire ou de forme carrée.

Préparation : 20 minutes | Repos : 2 heures 30 | Cuisson : 20 minutes | Réalisation : facile | Coût : assez cher

Les petits pains
de seigle au piment doux

Riches en cumin, en piment doux et en huile d'olive, ces petits pains sont une vraie curiosité. Ils conviendront très bien pour accompagner une volaille froide, un curry d'agneau ou un riz épicé.

Ingrédients
(pour 6 petits pains)

- ✓ *200 g de farine de blé ordinaire tamisée*
- ✓ *120 g de farine de seigle*
- ✓ *2 cuillères à soupe de cumin*
- ✓ *1 cuillère à café de piment doux en poudre*
- ✓ *12 g de levure fraîche de boulanger*
- ✓ *18 cl d'eau tiède*
- ✓ *2 cuillères à café de sel*
- ✓ *2 cuillères à soupe d'huile d'olive*

1 Préparation. Versez les 200 g de farine de blé et les 120 g de farine de seigle dans un saladier. Mélangez.

2 Mélange. Émiettez les 12 g de levure dans les 18 cl d'eau tiède. Ajoutez la levure délayée dans la farine, puis incorporez les 2 cuillères à café de sel, les 2 cuillères à soupe d'huile d'olive, les 2 cuillères à soupe de cumin et la cuillère à café de piment doux.

3 Pétrissage. Pétrissez la pâte environ 8 minutes.

4 Temps de repos. Mettez la pâte dans un plat creux et laissez gonfler environ 1 h 30 dans un endroit chaud à l'abri des courants d'air.

›ASTUCE

Pour le temps de repos, vous pouvez aussi couvrir les petits pains de film alimentaire. D'autre part, afin que votre pâte soit encore plus moelleuse, vous pouvez lui incorporer un mélange fait de lait et d'eau à quantités égales.

5 Façonnage. Partagez la pâte en 6 petites boules de même taille et placez-les sur une plaque de four légèrement farinée. Couvrez d'un linge et laissez reposer environ 1 heure dans un endroit chaud.

6 Cuisson. Préchauffez le four à 240°C (th. 8). Posez un bol d'eau dans le bas du four. Saupoudrez les pains d'un peu de farine. Mettez à cuire environ 20 minutes. Laissez refroidir sur une grille.

Préparation : 25 minutes | Repos : 3 heures 30 | Cuisson : 35 minutes | Réalisation : facile | Coût : bon marché

Le pain *aux quatre-épices*

Confectionnez ce pain chaleureux et authentique qui ravira les gourmets. Vous l'apprécierez tel quel ou bien légèrement toasté et servi tiède. Une bonne odeur d'épices chaudes va parfumer la maison.

1 Préparation. Émiettez les 10 g de levure fraîche dans 10 cl d'eau tiède dans un bol. Versez les 200 g de farine de blé et les 120 g de farine de seigle avec la 1,5 cuillère à café de sel dans un saladier. Mélangez et ajoutez la levure délayée et le reste d'eau.

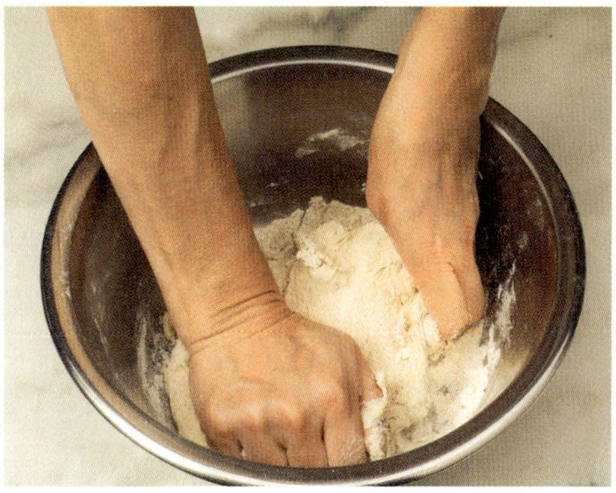

2 Pétrissage. Pétrissez la pâte avec les mains pendant 8 minutes. Ajoutez la pincée de noix de muscade râpée, la pincée de poivre moulu, la pincée de cannelle en poudre, et la pincée de clous de girofle finement broyés. La pâte doit former une boule élastique et homogène sans coller aux doigts.

Ingrédients
(pour 1 pain)

- ✓ 200 g de farine de blé ordinaire tamisée
- ✓ 120 g de farine de seigle tamisée
- ✓ 10 g de levure fraîche de boulanger
- ✓ 18 cl d'eau tiède (environ 25°C)
- ✓ 1,5 cuillère à café de sel fin
- ✓ 1 pincée de noix de muscade râpée
- ✓ 1 pincée de poivre moulu
- ✓ 1 pincée de cannelle en poudre
- ✓ 1 pincée de clous de girofle finement broyés

3 1er temps de repos. Mettez la pâte dans un plat creux huilé, couvrez d'un linge et laissez reposer 1 h 30 dans un endroit chaud à l'abri des courants d'air. La pâte gonflera peu à peu.

4 Façonnage. Déposez la pâte sur un plan de travail fariné et rompez-la plusieurs fois avec les mains. Façonnez un pain rond.

›ASTUCE

Le quatre-épices est une plante dont les graines ont la même saveur qu'un mélange poivre-muscade-girofle-cannelle. Vous pouvez préparer vous-même ce mélange ou bien l'acheter tout fait dans le commerce. Le quatre-épices est aussi utilisé pour relever les ragoûts de viande et pour parfumer les terrines et les pâtés.

5 2e temps de repos. Posez le pain sur une plaque de four farinée. Couvrez d'un linge et laissez reposer dans un endroit chaud pendant 2 heures.

6 Cuisson. Préchauffez le four à 240°C (th. 8). Placez un plat à gratin rempli d'eau tiède dans le bas du four. Badigeonnez le pain d'eau. Mettez à cuire 35 minutes en baissant la température à 210°C (th. 7) les 10 dernières minutes. Laissez refroidir sur une grille.

Préparation : 15 minutes | *Repos : 3 heures* | *Cuisson : 40 minutes* | *Réalisation : facile* | *Coût : assez cher*

Le pain de mie
au paprika

Rien de tel qu'un bon pain de mie tout en fondant et en légèreté pour accompagner avec bonheur un goulasch, un ragoût d'agneau ou un gratin de légumes... Ce pain hongrois est décidément une belle surprise !

1 **Préparation.** Émiettez les 15 g de levure dans les 17 cl d'eau tiède et mélangez.

2 **Préparation de la pâte.** Versez dans un saladier les 350 g de farine de blé, la levure délayée, la moitié du paprika et du poivre et les 2 cuillères à café de sel. Mélangez et pétrissez la pâte environ 10 minutes. Formez une boule. Mettez-la dans un plat creux huilé.

3 **1er temps de repos.** Couvrez d'un linge et laissez gonfler dans un endroit chaud environ 1 heure.

4 **2e temps de repos.** Huilez légèrement le moule. Repliez la pâte plusieurs fois. Mettez-la dans le moule et laissez reposer 2 heures dans un endroit chaud.

5 **Finition.** Versez les 2 cuillères à soupe de gruyère râpé dans un bol. Ajoutez le reste de poivre et de paprika et mélangez. Saupoudrez le dessus du pain avec ce mélange.

6 **Cuisson.** Préchauffez le four à 240°C (th. 8). Placez un bol d'eau dans le bas du four. Mettez à cuire environ 40 minutes, en baissant à 210°C (th. 7) les 10 dernières minutes. Laissez tiédir, démoulez le pain et laissez refroidir sur une grille.

Ingrédients
(pour 1 pain)

- ✓ *350 g de farine de blé à pâtisserie*
- ✓ *2 cuillères à soupe de gruyère râpé*
- ✓ *15 g de levure fraîche de boulanger*
- ✓ *17 cl d'eau tiède*
- ✓ *2 cuillères à café de sel*
- ✓ *1 cuillère à soupe d'huile*
- ✓ *6 pincées de paprika*
- ✓ *5 pincées de poivre du moulin*

Ustensile

- ✓ *un moule à pain ou un moule à cake*

›ASTUCE

Pour la réalisation de ce pain, vous pouvez aussi utiliser un moule «spécial pain de mie» avec couvercle. D'autre part, et même s'il est délicieux dégusté le jour même, vous pouvez aussi le découper en tranches un peu épaisses et les toaster légèrement le lendemain.

Le pain
aux épices douces

Tendre et rustique, ce pain se distingue par sa belle mie moelleuse aux saveurs subtiles et délicates de cannelle et de muscade fraîchement râpée. Un pain à proposer à vos convives pour accompagner une daube de bœuf ou un civet de lapin.

Ingrédients
(pour 1 pain)

- ✓ *450 g de farine de blé ordinaire tamisée*
- ✓ *15 g de levure fraîche de boulanger*
- ✓ *5 cl d'huile*
- ✓ *18 cl d'eau tiède*
- ✓ *2 cuillères à café de sel*
- ✓ *1 pincée de cannelle en poudre*
- ✓ *2 pincées de muscade en poudre*

1 Préparation. Émiettez les 15 g de levure fraîche dans un bol, versez les 18 cl d'eau tiède et mélangez.

2 Mélange. Versez les 450 g de farine dans un saladier, la pincée de cannelle en poudre, les 2 pincées de muscade, les 2 cuillères à café de sel et mélangez. Ajoutez la levure délayée. Mélangez puis versez les 5 cl d'huile.

3 Pétrissage. Travaillez la pâte avec les mains pendant une douzaine de minutes. Ajoutez éventuellement un peu de farine ou d'eau pour obtenir une consistance souple et élastique.

4 Temps de repos. Déposez la boule de pâte dans un saladier aux parois huilées. Couvrez d'un linge et laissez gonfler environ 1 heure dans un endroit chaud et à l'abri des courants d'air.

5 Façonnage. Préchauffez le four à 240°C (th. 8). Travaillez la pâte quelques instants en la repliant plusieurs fois. Donnez-lui la forme d'un pain allongé. Couvrez d'un linge et laissez gonfler au chaud environ 2 heures.

6 Cuisson. Déposez un bol d'eau tiède dans le bas de votre four. Badigeonnez d'eau le dessus du pain et mettez à cuire environ 35 minutes en baissant la température à 210°C (th. 7) environ 10 minutes avant la fin de la cuisson. Laissez refroidir sur une grille.

›ASTUCE

Vous pouvez éventuellement ajouter une cuillère à café de miel à la levure délayée. Ce petit supplément favorisera la pousse de votre pâte à pain sans pour autant en modifier le goût initial. Pour renforcer les parfums des épices, faites-les chauffer quelques instants dans une poêle antiadhésive avant de les incorporer à la farine.

Préparation : 20 minutes | Repos : 4 heures | Cuisson : 15 minutes | Réalisation : facile | Coût : bon marché

Les ficelles *provençales*

Voici une jolie recette qui enchantera tous les amoureux de la Provence. De petites ficelles croustillantes à proposer à l'heure de l'apéritif pour le plus grand plaisir de vos invités !

1 Préparation. Émiettez les 10 g de levure dans les 10 cl d'eau tiède.

2 Mélange. Versez les 200 g de farine dans un saladier. Ajoutez la levure délayée, la cuillère à soupe d'huile d'olive, la cuillère à soupe d'herbes de Provence et mélangez. Ajoutez la cuillère à café de sel. Pétrissez environ 10 minutes.

Ingrédients
(pour 2 ficelles)

- ✓ *200 g de farine de blé ordinaire tamisée*
- ✓ *10 g de levure fraîche de boulanger*
- ✓ *10 cl d'eau tiède*
- ✓ *1 cuillère à café de sel*
- ✓ *1 cuillère à soupe d'huile d'olive + 1 cuillère à soupe*
- ✓ *1 cuillère à soupe d'herbes de Provence*

3 1er temps de repos. Mettez la pâte dans un plat creux huilé. Couvrez d'un linge et laissez reposer environ 2 h 30 dans un endroit chaud.

4 Façonnage. Repliez plusieurs fois la pâte et pétrissez 2 à 3 minutes. Divisez-la en 2 et façonnez de longs boudins fins.

› VARIANTE

Vous obtiendrez une mie encore plus moelleuse en remplaçant les 10 cl d'eau tiède par un mélange fait de 5 cl d'eau et 5 cl de lait. Saupoudrez les ficelles d'une cuillère à café de gros sel juste avant de mettre au four.

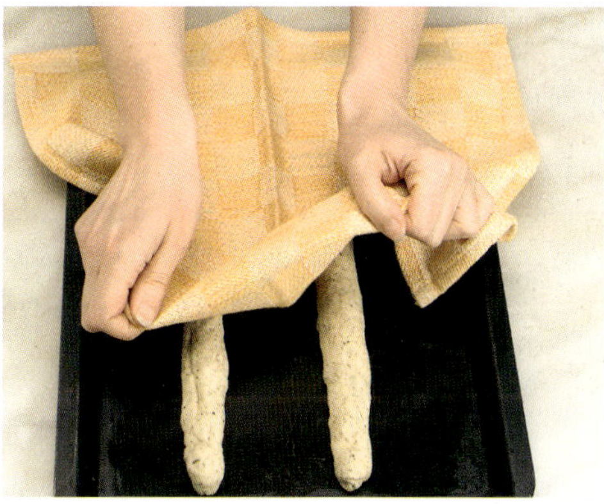

5 2e temps de repos. Placez les ficelles sur une plaque de cuisson légèrement huilée. Couvrez d'un linge et laissez reposer environ 1 h 30 dans un endroit chaud.

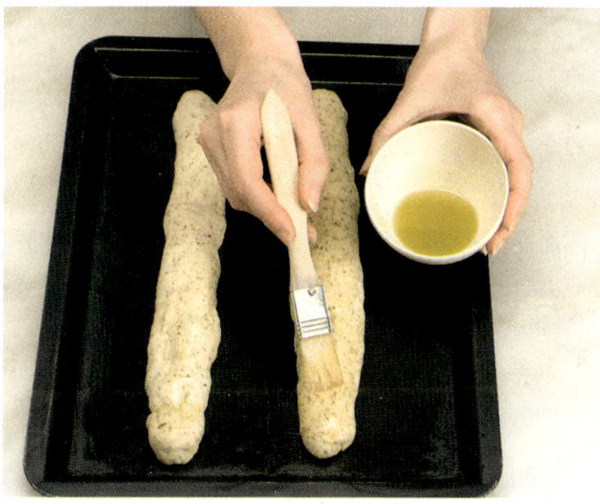

6 Cuisson. Préchauffez le four à 240°C (th. 8). Badigeonnez les ficelles d'un peu d'huile d'olive. Mettez à cuire environ 15 minutes, en baissant la température à 210°C (th. 7) après 5 minutes de cuisson. Laissez refroidir.

Préparation : 25 minutes | *Repos : 3 heures* | *Cuisson : 20 minutes* | *Réalisation : facile* | *Coût : assez cher*

Les petits pains
aux aromates

Offrez à vos invités une ambiance exotique en préparant ces petits pains délicatement parfumés. Vous les présenterez avec un chutney et des brochettes de poulet grillées, ou plus simplement avec un bon fromage à pâte molle.

1 Préparation. Émiettez les 12 g de levure dans 10 cl d'eau. Mélangez les 350 g de farine, la coriandre, la muscade râpée et la cuillère à café de thym dans un saladier. Ajoutez la levure délayée, le reste d'eau, l'huile de tournesol et les 2 cuillères à café de sel. Pétrissez la pâte 8 à 10 minutes.

2 1er temps de repos. Formez une boule de pâte, mettez-la dans un plat creux légèrement huilé. Couvrez d'un linge et laissez reposer environ 1 heure dans un endroit chaud à l'abri des courants d'air.

Ingrédients
(pour 6 petits pains)

- ✓ *350 g de farine de blé ordinaire tamisée*
- ✓ *40 g de noix de cajou*
- ✓ *1 cuillère à soupe de graines de coriandre moulues*
- ✓ *4 pincées de muscade râpée*
- ✓ *1 cuillère à café de thym*
- ✓ *12 g de levure fraîche de boulanger*
- ✓ *18 cl d'eau tiède*
- ✓ *2 cuillères à soupe d'huile de tournesol*
- ✓ *2 cuillères à café de sel*
- ✓ *poivre du moulin*

3 Ajout. Hachez grossièrement les 40 g de noix de cajou. Incorporez-les dans la pâte et pétrissez quelques instants. Divisez la pâte en 6 parts égales. Façonnez des boules en faisant rouler la pâte entre les mains.

4 2e temps de repos. Couvrez une plaque de four de papier sulfurisé. Rangez les petits pains sur la plaque, en veillant à bien les espacer. Couvrez d'un linge et laissez reposer environ 2 heures dans un endroit chaud à l'abri des courants d'air.

›VARIANTE

Vous pouvez apporter une note croustillante à vos petits pains en les badigeonnant d'un peu d'huile au moment de les enfourner. Vous pouvez aussi ajouter une petite touche relevée en incorporant une ou deux pincées de piment en poudre.

5 Finition. Préchauffez le four à 240°C (th. 8). Badigeonnez les pains d'un peu d'eau en vous aidant d'un pinceau. Poivrez le dessus des petits pains.

6 Cuisson. Placez un bol d'eau tiède dans le bas du four. Mettez les petits pains à cuire environ 20 minutes, en baissant la température à 210°C (th. 7) les 10 dernières minutes. Laissez refroidir sur une grille.

Préparation : 30 minutes | Repos : 3 heures | Cuisson : 35 minutes | Réalisation : facile | Coût : assez cher

Le pain moulé
au thym

Essayez ce pain tout en moelleux et en parfums venus de la garrigue. Son petit goût sauvage et tonifiant relèvera avec bonheur des plats longuement mitonnés en cocotte. Vous pourrez aussi confectionner de succulents toasts pour vos menus improvisés.

1 Dilution de la levure. Versez les 12 g de levure fraîche de boulanger dans un bol avec les 18 cl d'eau tiède et mélangez.

2 Mélange. Versez les 400 g de farine de blé dans un saladier. Ajoutez la levure diluée, les 2 cuillères à soupe d'huile d'olive, les 2 cuillères à café de thym et les 2 cuillères à café de sel. Mélangez bien.

3 Pétrissage. Pétrissez bien la pâte pendant environ 10 minutes. La pâte doit devenir élastique sous le doigt.

4 Temps de repos. Formez une boule et couvrez-la d'un linge. Rangez la pâte dans un endroit chaud, à l'abri des courants d'air pendant environ 1 heure.

5 Façonnage. Travaillez la pâte 5 minutes puis déposez-la dans le moule légèrement huilé. Couvrez d'un linge et laissez gonfler dans un endroit chaud environ 2 heures.

6 Cuisson. Préchauffez le four à 240°C (th. 8). Déposez un grand bol d'eau tiède dans le bas du four. Mettez à cuire environ 15 minutes puis baissez la température à 210°C (th. 7). Laissez tiédir puis démoulez le pain et mettez-le à refroidir sur une grille.

Ingrédients
(pour 1 pain)

- ✓ *400 g de farine de blé ordinaire tamisée*
- ✓ *2 cuillères à soupe d'huile d'olive*
- ✓ *12 g de levure fraîche de boulanger*
- ✓ *2 cuillères à café de thym*
- ✓ *18 cl d'eau tiède*
- ✓ *2 cuillères à café de sel fin*

Ustensile
- ✓ *un moule à cake*

›ASTUCE

Pour offrir un maximum de parfum à votre pain, choisissez de préférence du thym frais, bien odorant. Savez-vous qu'il existe de nombreuses variétés de thym, chacune avec ses particularités ? Thym-citron, thym allemand au feuillage vert sombre et à reflets rouges, thym de Provence, au feuillage gris-vert, thym argenté, thym panaché... Alors amusez-vous à les cultiver dans votre jardin ou sur le rebord de la fenêtre.

Préparation : 15 minutes | Repos : 2 heures 15 | Cuisson : 45 minutes | Réalisation : facile | Coût : bon marché

La miche
au romarin

Ah, la belle miche que voilà ! Sa somptueuse mie aérée et souple sera appréciée de tous les vrais amateurs. Vous la proposerez avec un plat mijoté qui fleure bon la garrigue, comme une daube ou un poulet rôti aux quarante gousses d'ail…

1 Préparation. Émiettez les 10 g de levure fraîche dans un bol, versez les 20 cl d'eau tiède et mélangez bien avec une spatule.

2 Mélange. Versez dans un saladier les 350 g de farine de blé, les 2 cuillères à café et demie de sel et les 2 pincées de sucre ; mélangez. Incorporez ensuite la levure délayée et les 2 cuillères à soupe d'huile d'olive. Mélangez jusqu'à obtenir une pâte homogène. Ajoutez les brins de romarin.

Ingrédients
(pour 1 pain)

- ✓ *350 g de farine de blé ordinaire tamisée*
- ✓ *10 g de levure fraîche de boulanger*
- ✓ *20 cl d'eau tiède*
- ✓ *2,5 cuillères à café de sel*
- ✓ *2 pincées de sucre en poudre*
- ✓ *2 cuillères à soupe d'huile d'olive*
- ✓ *quelques brins de romarin*

3 Pétrissage. Travaillez la pâte avec les mains pendant une douzaine de minutes. Ajoutez éventuellement un peu de farine ou d'eau pour obtenir une consistance souple et élastique. Formez une boule.

4 1er temps de repos. Mettez la boule de pâte dans un saladier légèrement huilé. Couvrez d'un linge. Laissez gonfler environ 45 minutes dans un endroit chaud et à l'abri des courants d'air.

›À SAVOIR

Le romarin est une plante aromatique aux multiples vertus. Elle nous vient des terres méditerranéennes et son parfum légèrement piquant embaume puissamment. Quelques brins suffisent pour relever magnifiquement une viande marinée ou un poulet rôti. Consommée sous forme d'infusion, elle est souveraine pour les foies fatigués.

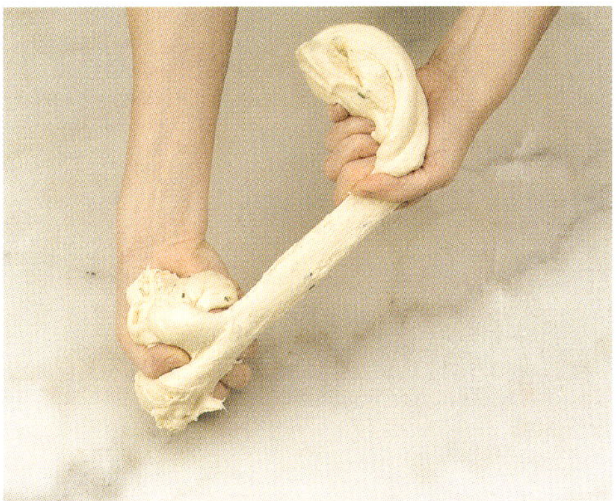

5 Façonnage. Rompez la pâte plusieurs fois avec les mains. Faites-en une boule et placez-la sur une plaque de four légèrement huilée. Couvrez d'un linge et laissez gonfler dans un endroit chaud environ 1 h 30.

6 Cuisson. Préchauffez le four à 240°C (th. 8). Déposez un bol d'eau tiède dans le bas de votre four. Badigeonnez le dessus de la boule d'un peu d'eau. Mettez à cuire environ 45 minutes en baissant la température à 210° (th. 7) les 15 dernières minutes.

Préparation : 25 minutes | Repos : 3 heures | Cuisson : 35 minutes | Réalisation : facile | Coût : bon marché

La miche
à l'aneth

Les délicates senteurs de l'aneth viennent rehausser agréablement ce pain original, rustique et chaleureux que vous servirez avec bonheur et gourmandise à l'heure d'un repas partagé entre amis.

1 Préparation de la levure. Versez 10 cl de lait tiède dans un bol et délayez les 12 g de levure fraîche.

2 Préparation de la pâte. Versez dans un bol les 200 g de farine de blé ordinaire, les 200 g de farine complète, les 2 cuillères à soupe de miel et la levure délayée. Mélangez bien. Versez la 1,5 cuillère à café de sel et la cuillère à soupe d'aneth haché. Versez peu à peu les 10 cl de lait tiède restant.

Ingrédients
(pour 1 miche)

- *200 g de farine de blé ordinaire tamisée*
- *200 g de farine de blé complète*
- *2 cuillères à soupe de miel*
- *12 g de levure fraîche de boulanger*
- *20 cl de lait tiède (environ 25°C)*
- *1,5 cuillère à café de sel fin*
- *1 cuillère à soupe d'aneth hachée*

3 1er temps de repos. Pétrissez la pâte pendant 10 minutes environ. Formez une boule lisse et homogène. Déposez la pâte dans un plat creux huilé, couvrez d'un linge et laissez reposer 1 heure dans un endroit chaud à l'abri des courants d'air. La pâte gonflera doucement.

4 Façonnage. Déposez la pâte sur un plan de travail fariné et rompez-la plusieurs fois avec les mains. Donnez-lui la forme d'une miche ronde.

›DÉGUSTATION

Ce pain aux saveurs originales fera merveille avec des tranches de saumon fumé ou encore avec une mousse de saumon ou de thon très fraîche. Mais vous pouvez aussi le servir tout simplement avec une bonne soupe aux légumes du jardin.

5 2e temps de repos. Déposez le pain sur une plaque de four légèrement huilée et farinée. Couvrez d'un linge et laissez reposer dans un endroit chaud pendant deux heures.

6 Cuisson. Préchauffez le four à 240°C (th. 8). Déposez un bol d'eau tiède dans le bas de votre four. Incisez légèrement le dessus du pain avec la pointe d'un couteau. Mettez à cuire environ 35 minutes en baissant la température à 210°C (th. 7) les 15 dernières minutes. Laissez refroidir.

La focaccia
aux herbes

Préparez ce pain venu d'Italie et donnez un petit air de vacances à vos repas ! Ses puissants parfums aromatiques viendront flatter le palais et relèveront avec piquant le menu le plus simple.

Ingrédients
(pour 4 à 6 personnes)

Pour la pâte
- ✓ *480 g de farine de blé ordinaire tamisée*
- ✓ *2 cuillères à soupe d'huile d'olive*
- ✓ *25 cl d'eau tiède (25°C)*
- ✓ *15 g de levure fraîche de boulanger*
- ✓ *1 cuillère à café de sel*

Pour la garniture
- ✓ *2 cuillères à soupe d'huile d'olive*
- ✓ *une douzaine de feuilles de sauge entières*
- ✓ *2 gousses d'ail*
- ✓ *deux brins de thym*

1 Mélange. Émiettez les 15 g de levure fraîche dans un bol et délayez dans 2 cuillères à soupe d'eau tiède.

2 Préparation de la pâte. Versez les 480 g de farine tamisée dans un saladier et creusez un puits. Ajoutez le reste d'eau, la levure délayée et les 2 cuillères à soupe d'huile d'olive. Mélangez et ajoutez la cuillère à café de sel. Pétrissez la pâte pendant 10 minutes environ.

3 Temps de repos. Formez une boule de pâte, déposez-la dans un saladier aux parois huilées et couvrez d'un linge. Laissez reposer 1 h 30 environ dans un endroit chaud à l'abri des courants d'air. Préchauffez le four à 210°C (th. 7).

4 Préparation de la garniture. Lavez les feuilles de sauge et essuyez-les délicatement dans un linge. Hachez finement la moitié des feuilles. Épluchez les 2 gousses d'ail et hachez-les finement.

5 Façonnage. Travaillez la pâte pendant 2 à 3 minutes puis coupez-la en deux parts égales. Étalez sur un plan de travail fariné en deux ronds d'environ 26 cm de diamètre. Déposez un premier cercle de pâte sur une plaque de four huilée et farinée. Parsemez de thym et de sauge hachée.

6 Cuisson. Couvrez du 2e cercle de pâte et soudez les bords. Imprimez les doigts dans la pâte, couvrez d'un linge et laissez reposer environ 30 minutes. Badigeonnez d'huile, parsemez des feuilles de sauge entières et les 2 gousses d'ail hachées et mettez à cuire environ 30 minutes. Servez chaud.

›À SAVOIR
La sauge est une plante aromatique dont on utilise les feuilles dans diverses préparations. Elle fait merveille dans les farces à base de viande de lapin ou de porc, elle relève agréablement la saveur d'un rôti de porc cuit au four et agrémente un gratin de pommes de terre au fromage.

Préparation : 35 minutes | Repos : 2 heures 15 | Cuisson : 25 minutes | Réalisation : facile | Coût : bon marché

Le pain bio
au cumin

Le cumin relève le goût du pain d'une saveur légèrement piquante. De plus, il est connu depuis longtemps pour ses vertus digestives et stimulantes. Autant de bonnes raisons pour préparer ce pain très nature qui étonnera vos invités !

1 Préparation. Versez les 18 cl d'eau tiède dans un bol et délayez les 12 g de levure fraîche. Versez les 200 g de farine bio ordinaire et les 150 g de farine bio complète dans un saladier, ajoutez la levure délayée. Mélangez bien.

2 Pétrissage. Versez la cuillère et demie à café de sel. Pétrissez la pâte avec les mains pendant 5 minutes. Versez les 2 cuillères à café de cumin. Continuez à pétrir pendant encore 5 minutes. Votre pâte doit former une boule lisse et homogène.

Ingrédients
(pour 2 pains)

- ✓ *200 g de farine de blé bio ordinaire tamisée*
- ✓ *150 g de farine de blé bio complète tamisée*
- ✓ *2 cuillères à café de cumin*
- ✓ *12 g de levure fraîche de boulanger*
- ✓ *18 cl d'eau tiède (environ 25°C)*
- ✓ *1,5 cuillère à café de sel fin*

3 Temps de repos. Déposez la pâte dans un plat creux, couvrez d'un linge et laissez reposer 45 minutes dans un endroit chaud à l'abri des courants d'air. La pâte va doucement gonfler.

4 Façonnage. Déposez la pâte sur un plan de travail fariné et rompez-la plusieurs fois avec les mains. Façonnez avec vos mains farinées 2 pains ronds. Rangez-les sur une plaque de four farinée. Couvrez d'un linge et laissez reposer dans un endroit chaud pendant une heure et demie.

›À SAVOIR

Si vous souhaitez manger « bio », choisissez une farine biologique, certifiée AB. Elle est exempte de produits chimiques de synthèse, pesticides et autres engrais chimiques.
Les meilleures sont broyées à la meule de pierre, comme autrefois. Elles apportent à vos pains un maximum de matières minérales et de vitamines et, en outre, elles ont un goût inimitable.

5 Cuisson. Préchauffez le four à 240°C (th. 8). Déposez un plat rempli d'eau tiède dans votre four. Badigeonnez les pains d'un peu d'eau. Mettez à four chaud environ 25 minutes en baissant la température à 210°C (th. 7) les 10 dernières minutes. Laissez refroidir sur une grille.

›DÉGUSTATION

Délicieux avec un bon munster ou avec un fromage de comté affiné, le pain bio au cumin est aussi le partenaire idéal pour une vraie choucroute alsacienne. Son petit goût piquant relèvera avec bonheur les saveurs de vos charcuteries. Vous pouvez aussi le réserver pour vos pique-niques ou pour confectionner des bouchées et des toasts à l'apéritif.

Les pains sucrés

Préparation : 35 minutes | Repos : 3 heures | Cuisson : 45 minutes | Réalisation : facile | Coût : assez cher

Le pain
aux abricots

Envie d'un brunch original ou d'un bon petit déjeuner du dimanche ? Alors faites-vous plaisir et découvrez cet étonnant pain aux abricots. Ce pain sucré aux saveurs délicates est un concentré d'énergie. Une manière savoureuse de bien commencer la journée.

1 Préparation. Versez 10 cl d'eau tiède dans un bol et délayez les 15 g de levure. Dans un saladier, versez les 500 g de farine tamisée, creusez un puits et ajoutez la levure délayée, les 50 g de sucre en poudre, les 15 cl d'eau tiède qui restent et la 1/2 cuillère à café de sel fin.

2 Pétrissage. Mélangez tous les ingrédients. Pétrissez la pâte à la main pendant environ 10 minutes.

Ingrédients
(pour 4 à 6 personnes)

- ✓ *500 g de farine de blé ordinaire tamisée*
- ✓ *100 g d'abricots secs*
- ✓ *le jus d'une orange*
- ✓ *50 g de sucre en poudre*
- ✓ *25 cl d d'eau tiède (25°C)*
- ✓ *15 g de levure de boulanger*
- ✓ *1/2 cuillère à café de sel*

Ustensile
- ✓ *1 moule à pain ou à cake de 28 cm*

3 1er temps de repos. Mettez la pâte dans un saladier légèrement huilé, couvrez d'un linge et laissez reposer 1 heure dans un endroit chaud à l'abri des courants d'air. La pâte gonflera doucement. Coupez les 100 g d'abricots secs en petits dés et mettez-les dans un bol avec le jus d'une orange.

4 Façonnage. Huilez légèrement le moule. Posez la pâte sur un plan de travail fariné et rompez-la plusieurs fois avec les mains. Incorporez les dés d'abricots. Formez un boudin de pâte et placez-le dans le moule huilé.

5 2e temps de repos. Couvrez d'un linge et laissez reposer dans un endroit chaud pendant encore 2 heures.

6 Cuisson. Préchauffez le four à 240°C (th. 8). Placez un grand bol d'eau tiède dans le bas du four. Badigeonnez le pain d'un peu d'eau. Mettez à four chaud environ 45 minutes en baissant la température à 210°C (th. 7) pour les 10 dernières minutes. Laissez refroidir 15 minutes avant de démouler.

› ASTUCE

Si le dessus du pain a tendance à noircir à la cuisson, couvrez-le d'une feuille de papier aluminium. Et si vous voulez donner un bel aspect brillant à votre pain aux abricots, sortez-le du four 5 minutes avant la fin de la cuisson et badigeonnez-le d'un peu de lait tiède sucré. Vous pourrez le badigeonner une deuxième fois à la sortie four lorsqu'il sera cuit. Il sera magnifique !

Préparation : 15 minutes | *Repos : aucun* | *Cuisson : 35 minutes* | *Réalisation : facile* | *Coût : bon marché*

Le pain
aux bananes

Le pain aux bananes est un grand classique des tables américaines. Il se déguste au petit déjeuner, découpé en larges tranches et légèrement beurré. Mais c'est aussi un merveilleux goûter ! Comme il développe ses parfums peu à peu, vous pourrez le savourer tranquillement pendant plusieurs jours.

1 Préparation. Préchauffez le four à 180°C (th. 6). Beurrez le moule et farinez-le légèrement.

2 Préparation des bananes. Épluchez les 3 bananes. Coupez-les en rondelles et déposez-les dans un saladier. Écrasez-les en purée avec une fourchette.

Ingrédients
(pour 4 à 6 personnes)

- ✓ *400 g de farine de blé ordinaire tamisée*
- ✓ *3 bananes*
- ✓ *120 g de cerneaux de noix concassés*
- ✓ *2 œufs*
- ✓ *1 yaourt*
- ✓ *140 g de sucre en poudre*
- ✓ *1 sachet de sucre vanillé*
- ✓ *1 sachet de levure chimique*
- ✓ *10 g de beurre*

Ustensile

- ✓ *un moule à cake d'environ 28 cm*

3 1er mélange. Versez les 400 g de farine et le sachet de levure dans un saladier et mélangez.

4 2e mélange. Incorporez les 140 g de sucre en poudre, le sachet de sucre vanillé, les 2 œufs et le yaourt dans la purée de bananes. Ajoutez les cerneaux de noix concassés.

›VARIANTE

À la place du sucre en poudre blanc, vous pouvez prendre un sucre cassonade qui apportera une petite note fruitée très agréable. Vous pouvez aussi augmenter la quantité de sucre vanillé en ajoutant un deuxième sachet afin de renforcer les parfums. Une cuillère à soupe de rhum sera aussi bienvenue dans ce pain aux bananes.

5 Finition. Versez la farine en pluie dans la pâte tout en mélangeant bien avec une cuillère.

6 Cuisson. Versez la pâte dans le moule. Mettez au four 25 minutes. Baissez la température à 120°C (th. 4). Laissez cuire encore environ 10 minutes en surveillant le pain. Il va devenir doré sur le dessus. Démoulez-le à la sortie du four et déposez-le sur une grille.

Préparation : 20 minutes | *Repos : aucun* | *Cuisson : 30 minutes* | *Réalisation : facile* | *Coût : bon marché*

Le pain moelleux
aux amandes

C'est un pain dédié à tous les grands gourmands. Riche en amandes en poudre et légèrement sucré, il fera honneur à votre table du petit déjeuner. S'il vous en reste, vous le ferez griller en tranches un peu épaisses et le servirez nappé d'un peu de miel.

Ingrédients
(pour 1 pain)

- ✓ *50 g de farine de blé ordinaire tamisée*
- ✓ *175 g d'amandes en poudre*
- ✓ *100 g de sucre en poudre*
- ✓ *125 g de beurre ramolli + 10 g*
- ✓ *4 œufs*
- ✓ *1 cuillère à soupe de rhum*
- ✓ *1 pincée de sel*

Ustensile

- ✓ *un moule rond à bord haut de 24 cm*

1 Préparation. Préchauffez le four à 180°C (th. 6). Beurrez légèrement le moule. Versez 50 g de sucre en poudre et les 175 g d'amandes en poudre dans un saladier et mélangez. Cassez 3 œufs en séparant les blancs des jaunes.

2 Mélange. Découpez les 125 g de beurre en dés. Mettez le beurre dans un saladier, ajoutez le reste de sucre en poudre et travaillez le mélange avec une spatule. Ajoutez l'œuf restant, puis les 3 jaunes d'œufs un à un sans cesser de mélanger.

3 Incorporation. Incorporez les amandes en poudre dans le mélange beurre-sucre-œufs. Ajoutez ensuite la cuillère à soupe de rhum, puis versez les 50 g de farine en pluie.

4 Préparation des blancs. Ajoutez une pincée de sel dans les 3 blancs d'œufs. Montez-les en neige ferme avec un fouet électrique.

5 Finition. Incorporez délicatement les blancs en neige en plusieurs fois dans la pâte. Versez la pâte dans le moule.

6 Cuisson. Placez le moule sur une plaque de four et mettez à cuire environ 30 minutes. Démoulez délicatement et laissez refroidir sur une grille.

›ASTUCE

Utilisez un beurre très mou pour réaliser la recette : cela vous permettra d'effectuer votre mélange beaucoup plus facilement. Lorsque vous montez les œufs en neige, veillez toujours à utiliser des ustensiles impeccables. D'autre part, vous les incorporerez plus facilement si vous vous aidez d'une spatule. Un petit achat indispensable !

Préparation : 20 minutes | Repos : 3 heures | Cuisson : 45 minutes | Réalisation : facile | Coût : assez cher

Le pain sucré
au pamplemousse

Avec ce beau pain riche en vitamines, vous offrirez à tous les gourmands un petit déjeuner plein de saveurs et d'énergie. Dégustez-le encore tiède, en tranches un peu épaisses garnies d'une fine couche de beurre doux.

Ingrédients
(pour 4 à 6 personnes)

- ✓ *450 g de farine de blé ordinaire tamisée*
- ✓ *140 g de sucre cassonade*
- ✓ *18 cl de lait tiède*
- ✓ *40 g de raisins secs*
- ✓ *le zeste d'un pamplemousse râpé*
- ✓ *le jus d'un pamplemousse*
- ✓ *15 g de levure fraîche de boulanger*
- ✓ *1/2 cuillère à café de sel*
- ✓ *huile*

Ustensile
- ✓ *un moule à cake d'environ 26 cm*

1 Préparation. Émiettez les 15 g de levure dans 10 cl de lait. Versez dans un saladier les 450 g de farine et la levure délayée. Ajoutez les 140 g de sucre de cassonade, le reste de lait, le jus de pamplemousse et la demi-cuillère à café de sel.

2 Pétrissage. Pétrissez la pâte 8 à 10 min. La pâte doit être souple et homogène sous les doigts. Ajoutez si nécessaire un peu d'eau ou de farine.

3 1er temps de repos. Mettez la pâte dans un plat creux légèrement huilé. Couvrez d'un linge et laissez reposer environ 1 heure dans un endroit chaud.

4 Finition de la pâte. Repliez la pâte plusieurs fois, puis ajoutez le zeste de pamplemousse râpé et les 40 g de raisins secs. Travaillez la pâte quelques instants. Huilez légèrement le moule à l'aide d'un pinceau. Formez un long boudin de pâte et placez-le dans le moule.

5 2e temps de repos. Couvrez d'un linge et laissez reposer environ 2 heures dans un endroit chaud à l'abri des courants d'air. Préchauffez le four à 240°C (th. 8).

6 Cuisson. Placez un bol d'eau dans le bas du four. Badigeonnez le dessus du pain d'un peu d'eau. Mettez à cuire environ 45 minutes, en baissant la température à 210°C (th. 7) les 10 dernières minutes. Laissez refroidir avant de démouler sur une grille.

› ASTUCE

Vous pouvez très bien préparer votre pâte la veille et la laisser durant la nuit au réfrigérateur. Vous la sortirez le lendemain matin et la travaillerez quelques instants avant de la façonner et d'en garnir le moule. Il vous suffira ensuite d'attendre que la pâte lève durant deux heures pour enfourner.

Préparation : 15 minutes | Repos : aucun | Cuisson : 4 minutes par poêlée | Réalisation : facile | Coût : assez cher

Le pain perdu

Voici une recette qui sent bon les goûters de nos grands-mères. Autrefois, il n'était pas question de jeter un morceau de pain, parfois rare ou difficile à gagner. Il existait donc des recettes pour accommoder les restes, qui donnaient à leur tour de succulents mets. Ce dessert rapide à réaliser fera la joie des enfants.

Ingrédients
(pour 12 tranches)

- ✓ *1/2 gousse de vanille ou un sachet de sucre vanillé*
- ✓ *4 œufs*
- ✓ *50 cl de lait*
- ✓ *100 g de sucre en poudre*
- ✓ *60 g de beurre*

1 Préparation. Vous pouvez utiliser du pain rassis, mais la recette est meilleure avec du pain de mie ou du pain brioché rassis. Coupez des tranches pas trop épaisses. Si vous utilisez une gousse de vanille, coupez-la en deux dans le sens de la longueur et retirez-en les graines avec un couteau.

2 Mélange. Mettez les 50 cl de lait, les 100 g de sucre et les graines de la 1/2 gousse de vanille (ou le sucre vanillé) dans une casserole et portez à ébullition. Faites infuser quelques minutes, puis versez le lait sucré dans un plat creux et attendez qu'il tiédisse.

3 Façonnage. Dans un saladier ou une assiette creuse, cassez les 4 œufs et fouettez-les. Faites tremper les tranches de pain successivement dans le lait sucré tiédi (le pain ne doit pas s'écraser, mais doit être juste imprégné), puis dans les œufs battus.

4 Cuisson. Faites chauffer un peu de beurre dans une poêle (environ 20 g de beurre à chaque poêlée) et déposez quelques tartines dans la poêle. Laissez-les dorer environ 2 minutes de chaque côté en surveillant leur coloration.

5 Présentation. Retirez les tranches de pain perdu avec une spatule ou une écumoire et égouttez-les sur un papier absorbant. Faites cuire les autres tranches de la même manière.

›DÉGUSTATION

Vous pouvez servir le pain perdu encore chaud. Vous l'accommoderez à votre goût, accompagné soit de confiture, de miel ou de sirop d'érable, soit tout simplement de sucre. Vous pouvez aussi le découper avec un emporte-pièce et le servir en minibouchées lors d'un goûter d'enfants.

›ASTUCE

Si vous êtes pressé, vous pouvez écourter certaines étapes de la recette. Dans ce cas, prenez un plat creux, cassez-y les œufs et ajoutez le lait et le sucre. Respectez les mêmes proportions. Fouettez l'ensemble et lorsque le mélange est homogène plongez-y les tranches de pain. Suivez ensuite les instructions décrites dans la recette pour la cuisson.

Préparation : 1 heure | Repos : 1 heure | Cuisson : 1 heure 30 | Réalisation : facile | Coût : assez cher

Le véritable *pain d'épices*

C'est lors d'un voyage en Flandre que Philippe le Bon aurait remarqué « cette bonne galette au suc d'abeille » dont il rapporta la recette à Dijon. Et le succulent pain d'épices ne tarda pas à devenir la spécialité de la région. Ce pain sucré, très proche du gâteau, fera les délices de nos petits gourmands, au petit déjeuner comme au goûter.

1 Préparation. Faites chauffer les 20 cl de lait à feu doux dans une casserole et mettez-y à fondre les 200 g de miel et les 50 g de sucre. Délayez avec un fouet pour que la préparation soit bien homogène. Laissez refroidir environ 10 minutes.

2 Mélange. Dans un saladier, versez les 200 g de farine de blé et les 200 g de farine de seigle ainsi que le sachet de levure et les épices en poudre. Mélangez bien.

3 Pétrissage. Versez le lait aromatisé progressivement dans le saladier en remuant avec une spatule de façon à bien incorporer les ingrédients. Si vous le désirez, ajoutez les zestes d'agrume ou des morceaux de gingembre confit.

4 Décoration. Beurrez un grand moule à cake et versez la pâte. Réservez 1 heure avant d'enfourner. Vous pouvez parsemer la pâte de quelques amandes effilées.

5 Cuisson. Préchauffez le four à 140°C (th. 4-5). Laissez cuire pendant 1 h 30. Vérifiez la cuisson en piquant le pain avec la lame d'un couteau — qui doit ressortir sèche — quand il est cuit.

6 Au sortir du four. Démoulez et laissez refroidir le pain d'épices sur une grille. Il vaut mieux attendre 48 heures avant de le déguster. Vous pouvez le conserver pendant plusieurs jours dans une boîte hermétique. Certaines personnes le préfèrent même un peu rassis.

Ingrédients
(pour 1 pain d'épice)

- ✓ *200 g de farine de blé tamisée*
- ✓ *200 g de farine de seigle tamisée*
- ✓ *1 sachet de levure chimique*
- ✓ *200g de miel*
- ✓ *50 g de sucre roux en poudre*
- ✓ *20 cl de lait*
- ✓ *1/2 cuillère à café d'anis en poudre, de cannelle, de gingembre*
- ✓ *1 pincée de noix de muscade et de clou de girofle en poudre.*

Facultatif
- ✓ *100 g de zeste de citron et d'orange ou de gingembre confit et une cuillère à soupe d'amandes effilées.*

›ASTUCE

Dans toute l'Europe du Nord, où chaque région a sa recette, on réalise de petits pains d'épices en forme d'étoile pour les mettre sur l'arbre de Noël.
La tradition veut aussi qu'on s'offre des pains d'épices décorés en forme de père Noël. Les motifs sont alors réalisés et colorés avec du sucre glace additionné de colorants alimentaires.

Préparation : 15 minutes | Repos : 1 h 45 minimum | Cuisson : 35 minutes | Réalisation : assez facile | Coût : assez cher

Le pain sucré
de Noël

Savourez ce délicieux pain sucré célèbre en Alsace et en Allemagne. On le prépare traditionnellement au moment de Noël. Il représente l'enfant Jésus dans ses langes. C'est le Christstollen ! Il se savoure avec un vin chaud épicé.

Ingrédients
(pour 4 à 6 personnes)

- *350 g de farine de blé ordinaire tamisée*
- *20 g de levure fraîche de boulanger*
- *150 g de beurre ramolli*
- *40 g de sucre en poudre*
- *12,5 cl de lait*
- *1 œuf*
- *1/4 de zeste de citron non traité râpé finement*
- *45 g de raisins secs*
- *20 g d'amandes en poudre*
- *80 g d'amandes hachées*
- *60 g d'écorces d'oranges confites en dés*
- *2 g de sel*
- *30 g de beurre*
- *sucre glace pour la décoration*

1 Préparation. Faites tiédir les 12,5 cl de lait dans une casserole. Émiettez les 20 g de levure fraîche dans un saladier, versez le lait tiède et délayez. Ajoutez 100 g de farine, mélangez bien et couvrez d'un linge. Laissez gonfler dans un endroit tiède pendant 20 minutes.

2 Mélange. Versez les 250 g de farine restant dans un saladier. Creusez un puits et versez le mélange levure-lait-farine au centre du puits en incorporant peu à peu la farine. Ajoutez les 40 g de sucre en poudre, 1/4 de zeste de citron râpé, l'œuf, les 2 g de sel. Pétrissez 5 minutes.

3 Temps de repos. Ajoutez les 150 g de beurre ramolli découpé en dés et mélangez. Incorporez ensuite les 20 g d'amandes en poudre, les 80 g d'amandes hachées, les 60 g d'écorce d'oranges confites et les 45 g de raisins secs. Formez une boule, couvrez d'un linge et laissez gonfler pendant 40 minutes.

4 Façonnage. La pâte va doubler de volume. Travaillez-la à la main quelques instants et façonnez un pain de forme allongée. Couvrez de nouveau d'un linge et laissez gonfler encore 45 minutes à température ambiante.

5 Cuisson. Préchauffez le four à 200°C (th. 6-7). Déposez le pain sur une plaque de four beurrée et farinée. Mettez à four chaud pendant 35 minutes. À la sortie du four, badigeonnez le dessus du pain d'un peu de beurre fondu et couvrez de sucre glace. Laissez refroidir sur une grille.

›VARIANTE

Vous pouvez remplacer les 20 g d'amandes en poudre par 20 g de noisettes en poudre.
Vous pouvez aussi ajouter des épices à votre pâte avec 1 pincée de cardamome en poudre et 1 pincée de noix de muscade finement râpée ou 1 pincée de cannelle en poudre mélangée à 1 pincée de quatre-épices. Pour les amateurs, ajoutez 5 cl de rhum dans la pâte : cela donnera un délicieux petit parfum des îles.

Préparation : 35 minutes | *Repos : 3 heures* | *Cuisson : 45 minutes* | *Réalisation : assez facile* | *Coût : assez cher*

Le pain
rhum et fruits

Avec ce pain à la cassonade, délicatement enrichi d'un mélange de fruits exotiques et parfumé au rhum, vous allez faire rêver la tablée aux îles des mers du Sud ! Une douceur à savourer avec un café à la vanille !

1 **Préparation.** Émiettez les 16 g de levure dans les 20 cl de lait tiède.

2 **Mélange.** Versez la farine et le sucre cassonade dans un saladier. Ajoutez l'extrait de vanille, le rhum, les 17 cl d'eau tiède, les 120 g de fruits secs, la levure délayée et les 2 cuillères à café de sel. Mélangez. Ajoutez si nécessaire un peu d'eau ou de farine.

Ingrédients
(pour 1 pain)

- ✓ *480 g de farine de blé ordinaire tamisée*
- ✓ *180 g de sucre cassonade*
- ✓ *1 cuillère à café d'extrait de vanille liquide*
- ✓ *120 g d'un mélange de fruits secs exotiques*
- ✓ *2 cuillères à soupe de rhum*
- ✓ *20 cl de lait tiède*
- ✓ *17 cl d'eau tiède*
- ✓ *16 g de levure fraîche de boulanger*
- ✓ *10 g de beurre*
- ✓ *2 cuillères à café de sel*

Pour la décoration

- ✓ *50 g de sucre glace*
- ✓ *1 cuillère à café d'eau*
- ✓ *1 cuillère à café de jus de citron*
- ✓ *le zeste d'un citron vert*

3 **Temps de repos.** Pétrissez environ 8 minutes. Formez une boule de pâte, mettez-la dans un plat creux légèrement huilé. Couvrez d'un linge et laissez reposer environ 1 heure dans un endroit chaud.

4 **Façonnage.** Beurrez légèrement un moule à cake. Travaillez la pâte quelques instants, formez un long boudin et mettez-le dans le moule. Couvrez d'un linge et laissez reposer 2 heures dans un endroit chaud.

›ASTUCE

Même si vous ne possédez pas de zesteur, il est facile de prélever le zeste d'un citron. Commencez toujours par rincer et brosser parfaitement les agrumes pour les débarrasser de la paraffine avant de les zester. Pour obtenir un meilleur résultat, le couteau éplucheur est recommandé !

5 **Cuisson.** Préchauffez le four à 240°C (th. 8). Mettez le pain à cuire environ 45 minutes, en baissant la température à 210°C (th. 7) les 10 dernières minutes. Laissez tiédir quelques minutes avant de démouler sur une grille. Laissez refroidir le pain.

6 **Finition.** Préparez le glaçage en mélangeant les 50 g de sucre glace avec la cuillère à café d'eau et la cuillère à café de jus de citron. Couvrez le dessus du pain de ce mélange. Décorez avec le zeste de citron. Laissez sécher avant de déguster.

Préparation : 1 heure | *Repos : 16 heures 30* | *Cuisson : 40 minutes* | *Réalisation : facile* | *Coût : assez cher*

Le pain brioché
aux raisins

Le pain brioché aux raisins est un pain qui nous vient de Belgique, où on l'appelle aussi «cramique». Moins gras et plus ferme que notre brioche, ce pain moelleux se conserve quelques jours. Servi au petit déjeuner ou à l'heure du thé, il est tout aussi délicieux avec de la confiture qu'avec de délicates gelées.

1 La veille. Préparation. Délayez les 10 g de levure avec 5 cl de lait. Faites une fontaine avec les 250 g de farine sur le plan de travail. Cassez un œuf au centre et ajoutez les 5 cl de lait restant, les 15 g de sucre et la cuillère et demie de sel. Mélangez le tout. Ajoutez la levure délayée et pétrissez l'ensemble.

2 Mélange. Lorsque la pâte est homogène, incorporez les 60 g de beurre ramolli, puis ajoutez les 150 g de raisins secs. Façonnez une boule avec la pâte et déposez-la dans un saladier recouvert d'un torchon humide. Laissez lever pendant 3 heures dans un endroit tempéré.

Ingrédients
(pour 2 pains)

- ✓ *250 g de farine de blé ordinaire tamisée*
- ✓ *1 œuf + 1 pour la dorure*
- ✓ *10 cl de lait*
- ✓ *15 g de sucre en poudre*
- ✓ *3 cuillères à café de sel*
- ✓ *10 g de levure fraîche de boulanger*
- ✓ *60 g de beurre ramolli + 20 g pour les moules*
- ✓ *150 g de raisins secs*

Ustensile
- ✓ *2 moules à cake*

3 Pétrissage et fermentation. La pâte doit avoir doublé de volume. Faites-la retomber en appuyant dessus avec la main et en la repliant sur elle-même. Faites de nouveau une boule, déposez-la dans le saladier et couvrez d'un film plastique. Mettez la pâte au frais toute la nuit.

4 Le jour même. Façonnage. Divisez la pâte refroidie en deux portions égales. Façonnez rapidement les pains de la longueur des moules. Beurrez et farinez 2 moules à cake rectangulaires. Disposez chaque morceau dans un moule. Laissez lever la pâte pendant 1 h 30.

›VARIANTES

Vous pouvez parfumer vos raisins en les laissant mariner dans du rhum, du cognac, du whisky ou, pour les enfants, dans du jus d'orange.
Vous pouvez aussi remplacer les raisins par des dés d'oranges ou de citrons confits ou des pépites de chocolat. Dans ce dernier cas, servez les pains briochés au goûter avec une bonne tasse de chocolat chaud.

5 Décoration. Préchauffez le four à 200°C (th. 6-7). À l'aide d'un pinceau, badigeonnez chaque pain avec un œuf battu. Avec une lame fine, fendez chaque pain dans toute sa longueur.

6 Cuisson. Quand le four est bien chaud, enfournez et laissez cuire de 30 à 40 minutes. Surveillez la coloration et au besoin baissez la température à 180°C (th. 6). Démoulez et mettez les pains briochés aux raisins à refroidir sur une grille.

Le pain sucré
au cacao

Commencez la journée avec entrain grâce à ce pain délicatement enrichi d'un peu de bon lait frais et de cacao. Savouré à la sortie du four ou légèrement toasté le lendemain, c'est un délice !

1 **Préparation.** Versez 15 cl d'eau tiède dans un bol et délayez les 15 g de levure fraîche. Dans un saladier, versez les 500 g de farine tamisée et les 30 g de cacao en poudre. Mélangez et ajoutez la levure délayée, les 60 g de sucre en poudre, les 10 cl de lait tiède et la 1/2 cuillère à café de sel fin.

2 **Pétrissage.** Mélangez tous les ingrédients. Pétrissez la pâte à la main pendant environ 10 minutes.

3 **1er temps de repos.** Mettez la pâte dans un saladier huilé, couvrez d'un linge et laissez reposer 1 heure dans un endroit chaud à l'abri des courants d'air. La pâte gonflera doucement.

4 **Finition de la pâte.** Huilez légèrement le moule. Cassez les 70 g de chocolat noir en petits morceaux. Travaillez la pâte quelques instants puis incorporez le chocolat noir. Façonnez un boudin et placez-le dans le moule.

5 **2e temps de repos.** Couvrez d'un linge et laissez reposer dans un endroit chaud pendant encore 2 heures.

6 **Cuisson.** Préchauffez le four à 240°C (th. 8). Placez un grand bol rempli d'eau tiède dans le bas de votre four. Badigeonnez le pain de jaune d'œuf battu. Mettez au four 45 minutes en baissant la température à 210°C (th. 7) pour les 10 dernières minutes. Laissez refroidir 10 minutes avant de démouler.

Ingrédients
(pour 4 à 6 personnes)

- ✓ *500 g de farine de blé ordinaire tamisée*
- ✓ *30 g de cacao en poudre*
- ✓ *70 g de chocolat noir*
- ✓ *60 g de sucre en poudre*
- ✓ *15 cl d d'eau tiède (25°C)*
- ✓ *10 cl de lait tiède*
- ✓ *1 jaune d'œuf pour la dorure*
- ✓ *15 g de levure de boulanger fraîche*
- ✓ *1/2 cuillère à café de sel*

Ustensile
- ✓ *un moule à pain ou un moule à cake d'environ 28 cm*

›ASTUCE
Amusez-vous à choisir un chocolat parfumé au café ou à la vanille pour renforcer les arômes de votre pain sucré au cacao. Vous pouvez aussi râper les 70 g de chocolat noir au lieu de les couper en morceaux. Le chocolat râpé se mélangera ainsi encore mieux à la pâte. Vous pouvez aussi, juste avant la cuisson, badigeonner le dessus de votre pain d'un peu de lait.

Préparation : 1 heure | Repos : 5 heures | Cuisson : 45 minutes | Réalisation : assez facile | Coût : assez cher

Le panettone

Le panettone est une spécialité de Milan que l'on s'offre au moment de Noël. En Italie, chacun rivalise d'adresse et d'invention pour réaliser ce gros pain aux fruits confits et aux raisins, remarquable de légèreté et de richesse. On peut le déguster nature, ou encore coupé en tranches, beurré et nappé de confiture au petit déjeuner.

Ingrédients
(pour 1 panettone)

- ✓ *450 g de farine de blé ordinaire tamisée*
- ✓ *1/2 cuillère à café de sel*
- ✓ *15 g de levure fraîche de boulanger*
- ✓ *10 cl d'eau tiède (25°C)*
- ✓ *70 g de sucre en poudre*
- ✓ *2 œufs battus + 2 jaunes*
- ✓ *5 gouttes d'extrait de vanille*
- ✓ *200 g de beurre ramolli*
- ✓ *1 cuillère à soupe de raisins secs*
- ✓ *60 g d'écorces d'orange et de citron confites finement hachées*

Ustensile

- ✓ *un moule rond assez haut*

1 Préparation. Émiettez les 15 g de levure dans un bol et délayez-les dans les 10 cl d'eau tiède Dans un grand saladier, mélangez 280 g de farine et la 1/2 cuillère de sel. Creusez un puits et versez la levure. Ajoutez ensuite les 70 g de sucre et les 2 œufs battus.

2 Pétrissage. Mélangez bien, laissez gonfler pendant 1 heure à température ambiante. Ajoutez à la pâte les 2 jaunes d'œufs et les 5 gouttes d'extrait de vanille. Mélangez, puis incorporez peu à peu les 170 g de farine restant. Ajoutez 170 g de beurre. Amalgamez bien.

3 Temps de repos. Mettez la pâte sur le plan de travail, pétrissez-la pendant 10 minutes. Dès que la pâte devient molle et souple, remettez-la dans le saladier, couverte d'un linge humide, et faites-la reposer pendant 2 heures. Écrasez-la avec les poings et laissez-la de nouveau lever pendant 1 heure.

4 Dernier mélange. La pâte a encore levé. Mettez-la sur le plan de travail fariné, écrasez-la avec les poings. Dans une assiette, mélangez les raisins et les fruits confits hachés et saupoudrez-les de farine pour les empêcher de s'agglomérer. Incorporez-les à la pâte.

5 Façonnage. Roulez la pâte en boule. Mettez-la dans un moule rond et haut, préalablement beurré. S'il n'est pas assez haut, prolongez les bords avec du papier cartonné enveloppé d'aluminium et doublé de papier sulfurisé beurré. Couvrez d'un linge humide et laissez gonfler pendant 1 heure.

6 Cuisson. Préchauffez le four à 180°C (th. 6). Faites fondre les 30 g de beurre restant et badigeonnez-en la surface du panettone. Faites-le cuire 10 minutes et, dès qu'il blondit, repassez une couche de beurre fondu. Poursuivez la cuisson 35 minutes, puis démoulez et posez-le sur une grille.

›À SAVOIR

À Milan, les familles italiennes conservent un panettone entier jusqu'à la Saint-Blaise, le 3 février. Elles le savourent alors en famille ou entre amis. On raconte que ceux qui le mangent sont épargnés par les maux de gorge pour l'année entière ! Cette tradition est encore très vivante aujourd'hui.

La brioche
quercinoise

La brioche ou « coque quercinoise » est une brioche régionale qui nous vient du Bassin aquitain. Elle se caractérise par son arôme acidulé et contient des cédrats confits qui lui confèrent un petit goût rustique et ensoleillé. Elle se déguste à l'heure du thé, accompagnée d'un sirop de fruit et d'une confiture d'agrumes qui révéleront sa saveur.

Ingrédients
(pour 3 coques)

- ✓ *250 g de farine de blé ordinaire tamisée*
- ✓ *2 œufs + 1 œuf battu pour la dorure*
- ✓ *5 g de sel*
- ✓ *50 g de sucre en poudre*
- ✓ *10 g de levure fraîche de boulanger*
- ✓ *60 g de beurre ramolli, + 20 g pour la plaque de cuisson*
- ✓ *70 g de cédrat confit coupé en petits dés*
- ✓ *1 cuillère à soupe de rhum*
- ✓ *1/2 cuillère à café d'extrait de vanille*
- ✓ *90 g de sucre cristallisé*

1 Préparation. Mettez les 250 g de farine sur le plan de travail et creusez un puits au centre. Cassez les 2 œufs, puis ajoutez les 50 g de sucre et les 5 g de sel. Petit à petit, mélangez les ingrédients du bout des doigts. Émiettez les 10 g de levure de boulanger au-dessus de cette pâte.

2 Mélange. Pétrissez jusqu'à ce que la pâte soit homogène. Elle doit se détacher d'elle-même du support. Incorporez les 60 g de beurre ramolli, puis les petits dés de fruits confits, le rhum et l'extrait de vanille. Formez une boule et couvrez-la d'un linge humide.

3 Pétrissage. Laissez la pâte lever pendant 3 heures dans un endroit tempéré (25°C). Vérifiez que la pâte s'est bien développée : elle doit avoir doublé de volume. Faites-la retomber en appuyant dessus avec la paume des mains et en la repliant sur elle-même. Divisez-la en trois morceaux égaux.

4 Mise en forme. Façonnez rapidement une boule avec chaque morceau. Enfoncez un doigt au centre de chaque boule et agrandissez ce trou afin d'obtenir une couronne.

5 Temps de repos. Déposez ces couronnes sur la plaque à pâtisserie beurrée et laissez-les lever pendant encore 1 heure. Préchauffez le four à 210°C (th. 7).

6 Cuisson. À l'aide d'un pinceau, badigeonnez les coques avec l'œuf battu. Saupoudrez-les ensuite avec les 90 g de sucre cristallisé. Laissez-les cuire 35 minutes en surveillant la coloration. Baissez la température, si elles dorent trop vite.

› VARIANTE

Bien qu'il s'agisse d'une recette régionale, vous pouvez apporter quelques modifications. S'il est conseillé de conserver les arômes, vous pouvez, en revanche, remplacer les cédrats par des melons confits ou des oranges confites sans que la recette en soit réellement trahie. Par ailleurs, vous pouvez remplacer l'extrait de vanille par du sucre vanillé.

Préparation : 50 minutes | *Repos : 4 heures* | *Cuisson : 40 minutes* | *Réalisation : assez facile* | *Coût : assez cher*

Le pain brioché *tressé*

Le pain tressé se rencontre dans les pays d'Europe de l'Est, en Russie et en Grèce, où il est considéré comme un pain de fête. La tresse sans fin est le symbole de la vie. Souvent, elle est parsemée de graines de pavot ou de sésame, éléments signifiant l'abondance. Son fin goût de brioche en fait presque un gâteau.

Ingrédients
(pour 1 pain)

- ✓ *650 g de farine de blé ordinaire tamisée*
- ✓ *15 g de levure fraîche de boulanger*
- ✓ *40 cl de lait tiède*
- ✓ *2 cuillères à café de sel*
- ✓ *1 cuillère à café de sucre en poudre*
- ✓ *30 g de beurre ramolli*
- ✓ *1 œuf pour la dorure*
- ✓ *1 cuillère à soupe d'huile*

1 Préparation. Faites tiédir le lait, puis versez-le dans un saladier. Émiettez la levure et délayez. Ajoutez les 2 cuillères à café de sel, la cuillère à café de sucre, les 30 g de beurre ramolli et les 650 g de farine.

2 Mélange. Incorporez bien les ingrédients et pétrissez jusqu'à ce que la pâte soit souple et ne colle pas aux parois du saladier. Formez une boule et saupoudrez-la de farine. Couvrez d'un linge et laissez lever la pâte pendant 2 heures.

3 Pétrissage. La pâte doit avoir doublé de volume. Retournez-la sur le plan de travail et pétrissez-la pendant 10 minutes. Écrasez la pâte avec les poings puis repliez-la plusieurs fois. Elle doit retrouver sa forme initiale.

4 Temps de repos. Remettez la pâte dans un saladier nettoyé et enduit avec la cuillère à soupe d'huile. Retournez-la dans tous les sens pour qu'elle s'enrobe d'huile. Couvrez à nouveau d'un linge et laissez reposer pendant 1 heure.

5 Mise en forme. Pétrissez la pâte à nouveau. Au besoin, ajoutez un peu de farine. Divisez-la en trois parties égales et roulez chacune en baguette d'environ 40 cm. Tressez les trois morceaux sur la plaque de cuisson. Couvrez de nouveau d'un linge et laissez reposer 1 heure. La tresse va gonfler du double de son volume.

6 Cuisson. Préchauffez le four à 220°C (th. 7-8). Badigeonnez le pain avec l'œuf battu à l'aide d'un pinceau. Faites cuire à four chaud 20 minutes. Dès que la tresse est dorée, réduisez la température à 180°C (th. 6) et laissez encore 20 minutes. Faites refroidir le pain sur une grille.

Préparation : 10 minutes | *Repos : aucun* | *Cuisson : 10 minutes* | *Réalisation : facile* | *Coût : assez cher*

Les douceurs *de Lisbonne*

*Les meilleurs plats ne sont pas forcément les plus compliqués !
En voici la preuve avec cette gourmandise venue du Portugal.
À savourer à l'heure du goûter avec un bon chocolat chaud !*

1 **Préparation.** Découpez la baguette en tranches d'environ 1 cm d'épaisseur.

2 **Mélange.** Cassez l'œuf dans un saladier. Ajoutez les 30 cl de lait et fouettez vivement le tout avec une fourchette.

Ingrédients
(pour 4 personnes)

- ✓ *1 baguette*
- ✓ *1 œuf*
- ✓ *30 cl de lait*
- ✓ *3 cl d'huile d'olive*
- ✓ *30 g de sucre cassonade en poudre*
- ✓ *3 pincées de cannelle*

Ustensile
- ✓ *une poêle*

3 **Préparation de la poêle.** Versez 1 cuillère à soupe d'huile d'olive dans la poêle et faites chauffer.

4 **Trempage du pain.** Passez rapidement les tranches de baguette dans le mélange œuf-lait.

›ASTUCE

Choisissez pour cette recette un lait entier, qui apportera crémeux et onctuosité, plutôt qu'un lait écrémé ou demi-écrémé. Sachez aussi que le sucre cassonade parfumé à la vanille est délicieux ! Vous le confectionnerez chez vous en plaçant simplement durant quelques jours une gousse de vanille dans votre boîte à sucre.

5 **Cuisson.** Disposez les tranches de pain imbibées dans la poêle et faites dorer à feu moyen des deux côtés.

6 **Finition.** Sortez les tranches de baguette dorées, mettez-les sur une assiette. Saupoudrez-les de sucre cassonade et des 3 pincées de cannelle. Servez immédiatement.

Le pain moulé
aux quatre fruits

Ce pain robuste et riche en goûts conviendra à merveille à tous les sportifs du matin.
Tranché finement et légèrement toasté,
il se prête avec bonheur à toutes les associations : café, chocolat ou thé fumant…

Ingrédients
(pour 1 pain)

- ✓ *200 g de farine de blé ordinaire tamisée*
- ✓ *100 g de farine de seigle*
- ✓ *100 g d'abricots séchés*
- ✓ *100 g de pruneaux dénoyautés*
- ✓ *80 g de noisettes décortiquées*
- ✓ *80 g de raisins secs*
- ✓ *120 g de sucre cassonade en poudre*
- ✓ *70 g de beurre + 10 g*
- ✓ *20 cl de lait*
- ✓ *1 œuf + 1 jaune*
- ✓ *1 cuillère à café de quatre-épices*
- ✓ *1 sachet de levure chimique*

Ustensile

- ✓ *un moule à gratin d'environ 24 cm*

1 Préparation. Préchauffez le four à 180°C (th. 6). Beurrez le moule et farinez-le légèrement. Faites fondre les 70 g de beurre dans une petite casserole à fond épais. Ôtez du feu.

2 Préparation des pruneaux et des abricots. Découpez les 100 g de pruneaux et les 100 g d'abricots en petits dés.

3 Mélange. Versez les 200 g de farine de blé, les 100 g de farine de seigle, le sachet de levure chimique et la cuillère à café de quatre-épices dans un saladier. Mélangez.

4 Incorporation. Ajoutez les 120 g de sucre cassonade, l'œuf et le jaune, le beurre fondu et les 20 cl de lait. Mélangez.

5 Finition. Incorporez les pruneaux et les abricots, les 80 g de noisettes et les 80 g de raisins secs. Versez la pâte dans le moule.

6 Cuisson. Mettez à cuire environ 35 minutes, en baissant la température à 150°C (th. 5) les 10 dernières minutes. Laissez tiédir, puis démoulez sur une grille.

›ASTUCE

Si vous n'avez pas de quatre-épices dans vos réserves d'épicerie, vous pouvez très facilement confectionner votre mélange en prenant un quart de cannelle en poudre, un quart de poivre fraîchement moulu, un quart de muscade finement râpée et un quart de clous de girofle moulus. N'oubliez pas que les épices fraîchement moulues sont toujours les plus parfumées !

Préparation : 20 minutes | *Repos : aucun* | *Cuisson : 25 minutes* | *Réalisation : facile* | *Coût : assez cher*

Le pain
des évêques

Ce pain sucré riche en vitamines et en fibres est un véritable trésor de santé. Il donnera du tonus à tous vos petits gourmands et sera apprécié des sportifs. Autrefois, il était offert aux évêques et considéré comme un symbole de prospérité.

1 Préparation des fruits. Rincez les 60 g de cerises confites, les 60 g d'oranges confites et les 60 g de gingembre confit, égouttez-les et découpez-les en dés. Roulez-les rapidement dans 1 cuillère à soupe de farine.

2 1er mélange. Versez les 260 g de farine, le demi-sachet de levure et la pincée de sel dans un saladier. Mélangez. Ajoutez les fruits confits, les 80 g de raisins secs, les 60 g de cerneaux de noix et les 60 g de noisettes hachées.

3 2e mélange. Cassez les 2 œufs dans un autre saladier, ajoutez les 60 g de sucre cassonade et fouettez en un mélange mousseux.

4 Incorporation. Incorporez le contenu du 1er saladier dans le mélange œufs-sucre. Mélangez le tout soigneusement.

5 Garnissage du moule. Beurrez et farinez légèrement le moule. Remplissez le moule de la pâte. Lissez le dessus.

6 Cuisson. Préchauffez le four à 180°C (th. 6). Mettez à cuire pendant environ 25 minutes. Sortez le pain du four et arrosez de la cuillère à soupe de cognac. Laissez refroidir avant de démouler.

Ingrédients
(pour 4 à 6 personnes)

- ✓ *60 g de cerises confites*
- ✓ *60 g de dés d'oranges confites*
- ✓ *60 g de gingembre confit*
- ✓ *80 g de raisins secs*
- ✓ *60 g de cerneaux de noix*
- ✓ *60 g de noisettes grossièrement hachées*
- ✓ *1/2 sachet de levure*
- ✓ *260 g de farine de blé ordinaire tamisée + 1 cuillère à soupe*
- ✓ *2 œufs*
- ✓ *3 cuillères à soupe d'huile*
- ✓ *60 g de sucre cassonade*
- ✓ *1 pincée de sel*
- ✓ *1 cuillère à soupe de cognac*

Ustensile

- ✓ *1 moule à cake ou 1 moule à savarin*

›VARIANTE

Vous pouvez ajouter d'autres fruits pour enrichir cette recette. Essayez par exemple les dés de citron confit, les dés de pamplemousse confit, les dés de banane confite ou des variétés différentes de raisins secs avec les Corinthe, les Thompson, les Smyrne. Ajoutez des noix de pécan, quelques noix du Brésil, des amandes hachées…

Préparation : 20 minutes | Repos : 2 heures 30 | Cuisson : 45 minutes | Réalisation : facile | Coût : assez cher

Le pain *au café*

Pour les amateurs de café, voici un pain « spécial petit déjeuner ». Fort en goût, franc en saveur, il est plein de caractère et annonce une journée bien remplie. Parfait avant une sortie en mer, en montagne... bref une journée très sportive !

1 Préparation. Émiettez les 15 g de levure dans les 15 cl de lait tiède.

2 Mélange. Versez les 350 g de farine de blé ordinaire et les 150 g de farine de blé semi-complète dans un saladier. Ajoutez la levure délayée, les 12 cl de café, les 20 g de crème fraîche épaisse, les 140 g de sucre de cassonade, les 2 sachets de sucre vanillé, les 2 pincées de sel et de cannelle.

Ingrédients
(pour 1 pain)

- *350 g de farine de blé ordinaire tamisée*
- *150 g de farine de blé semi-complète*
- *140 g de sucre cassonade en poudre*
- *2 sachets de sucre vanillé*
- *20 g de crème fraîche épaisse*
- *15 cl de lait tiède*
- *12 cl de café fort*
- *15 g de levure fraîche de boulanger*
- *2 pincées de sel*
- *1 cuillère à soupe d'huile*
- *2 pincées de cannelle*

Ustensile
- *un moule à cake d'environ 24 cm*

3 1er temps de repos. Formez une boule de pâte, mettez-la dans un plat creux huilé. Couvrez d'un linge et laissez au chaud environ 1 h 30.

4 Fonçage du moule. Huilez légèrement le moule. Repliez la pâte, puis placez-la dans le moule.

›ASTUCE

Si vous n'avez pas de moule à cake, vous pouvez très bien réaliser cette recette en utilisant un moule à brioche ronde ou même, pourquoi pas, un simple pot en terre allant au four. Des bords hauts sont indispensables pour permettre au pain de lever. Il existe toujours des solutions aux petits problèmes de moule !

5 2e temps de repos. Couvrez d'un linge et laissez au chaud environ 1 heure. Préchauffez le four à 240°C (th. 8).

6 Cuisson. Mettez à cuire environ 45 minutes, en baissant la température à 210°C (th. 7) les 10 dernières minutes. Laissez tiédir, puis démoulez sur une grille.

Le pain sucré
aux trois chocolats

Gourmands et gourmandes, accourez vite ! Voici un pain qui va vous combler. Imaginez un instant un pain à la belle croûte dorée, avec à l'intérieur du chocolat au lait, du chocolat noir et du chocolat aux noisettes ! Alors, qu'attendez-vous pour vous mettre autour de la table ?

1 **Préparation.** Émiettez les 15 g de levure dans 10 cl d'eau tiède. Brisez les trois chocolats en petits morceaux et mettez-les dans un saladier.

2 **Préparation de la pâte.** Versez les 500 g de farine dans un saladier. Ajoutez la levure délayée, les 150 g de sucre en poudre, le reste d'eau, les 2 cuillères à soupe de lait en poudre et la demi-cuillère à café de sel. Pétrissez environ 5 minutes.

3 **1er temps de repos.** Formez une boule de pâte, mettez-la dans un plat creux huilé. Couvrez d'un linge et laissez reposer environ 1 heure dans un endroit chaud.

4 **Façonnage.** Pétrissez la pâte quelques instants. Incorporez le chocolat en morceaux. Formez un boudin de pâte et placez-le dans le moule légèrement huilé.

5 **2e temps de repos.** Couvrez d'un linge et laissez reposer environ 2 heures dans un endroit chaud. Préchauffez le four à 240°C (th. 8). Badigeonnez le pain d'un peu d'eau.

6 **Cuisson.** Mettez à cuire environ 45 minutes, en baissant la température à 210°C (th. 7) les 15 dernières minutes. Démoulez, puis laissez refroidir.

Ingrédients

(pour 4 à 6 personnes)

- ✓ *500 g de farine de blé ordinaire tamisée*
- ✓ *70 g de chocolat au lait*
- ✓ *70 g de chocolat noir*
- ✓ *70 g de chocolat aux noisettes*
- ✓ *2 cuillères à soupe de lait en poudre*
- ✓ *150 g de sucre en poudre*
- ✓ *25 cl d'eau tiède*
- ✓ *15 g de levure fraîche de boulanger*
- ✓ *1/2 cuillère à café de sel*

Ustensile

- ✓ *un moule à pain ou à cake*

›ASTUCE

Pour ce pain sucré, il est vraiment conseillé de placer une coupelle d'eau dans le bas du four pendant la cuisson. Ne lésinez pas sur le chocolat, choisissez les meilleurs. Sinon, votre pain sucré perdrait beaucoup de son intérêt. Pour la dégustation, servez froid en tranches fines. Vous pouvez les accompagner d'un doigt de crème fouettée.

Préparation : 15 minutes | *Repos : 5 heures* | *Cuisson : 35 minutes* | *Réalisation : facile* | *Coût : bon marché*

La tresse
de la reine

Faites la fête avec cette brioche tressée et joufflue à souhait ! Voici une fort jolie manière de renouveler le plaisir gourmand des galettes de l'Épiphanie. Celle-ci est dédiée à la reine et, bien sûr, c'est la plus belle de toutes !

Ingrédients
(pour 1 tresse)

- ✓ *450 g de farine de blé à pâtisserie*
- ✓ *2 œufs + 1 jaune*
- ✓ *18 g de levure fraîche de boulanger*
- ✓ *110 g de dés de beurre ramolli + 10 g*
- ✓ *50 g de sucre en poudre*
- ✓ *4 sachets de sucre vanillé*
- ✓ *10 cl de lait tiède*
- ✓ *3 cl de whisky*
- ✓ *1 cuillère à café de zeste de citron râpé*
- ✓ *2 pincées de sel*

1 Préparation de la levure. Émiettez la levure dans un bol avec les 10 cl de lait tiède et les 50 g de sucre en poudre. Mélangez et laissez reposer 10 minutes à température ambiante.

2 Préparation de la pâte. Versez les 450 g de farine et ajoutez les 110 g de dés de beurre, les 4 sachets de sucre vanillé, les 3 cl de whisky, les 2 pincées de sel, la cuillère à café de zeste de citron râpé et les 2 œufs. Mélangez bien.

3 1er temps de repos. Mettez au frais 4 heures en couvrant d'un film alimentaire.

4 Façonnage. Divisez la pâte et formez 3 boudins de taille égale de 5 cm d'épaisseur environ. Façonnez une tresse et soudez les deux extrémités pour former une couronne.

5 2e temps de repos. Déposez la couronne sur une plaque de four couverte d'un papier sulfurisé et laissez dans un endroit tiède environ 50 minutes.

6 Cuisson. Préchauffez le four à 180°C (th. 6). Badigeonnez le dessus de la couronne de jaune d'œuf battu. Mettez à cuire environ 35 minutes. Laissez refroidir sur une grille.

›ASTUCE

Respectez bien les temps de pause pour permettre à votre pâte de lever correctement : c'est pour vous la garantie de réussir votre tresse. Quand vous travaillez la pâte, pensez à fariner vos mains pour éviter que la farine ne colle trop. Après avoir doré la tresse, vous pouvez en décorer le dessus d'un peu de sucre en grains.

Les fougassettes

Cette recette est si bonne que Niçois et Italiens s'en disputent depuis longtemps la paternité. Qu'importe ! Fondant et légèrement parfumé à l'eau de fleur d'oranger, ce petit dessert constituera un goûter délicieux.

1 Préparation du levain. Versez 125 g de farine dans un saladier. Ajoutez les 8 g de levure et 5 cl d'eau tiède. Mélangez et formez une boule de pâte. Couvrez d'un linge et laissez reposer environ 2 heures dans un endroit chaud à l'abri des courants d'air.

2 Mélange. Versez les 125 g de farine restant dans un saladier. Creusez un puits et ajoutez la pincée de sel, un œuf, la cuillère à soupe d'eau de fleur d'oranger, les 70 g de sucre en poudre, le zeste de citron râpé et les 5 cl d'huile d'olive. Mélangez bien. Pétrissez environ 5 minutes.

Ingrédients
(pour 4 fougassettes)

- ✓ *250 g de farine de blé ordinaire tamisée*
- ✓ *8 g de levure fraîche de boulanger*
- ✓ *70 g de sucre en poudre*
- ✓ *5 cl d'huile d'olive*
- ✓ *5 cl d'eau tiède*
- ✓ *1 œuf*
- ✓ *1 cuillère à soupe d'eau de fleur d'oranger*
- ✓ *1 pincée de sel*
- ✓ *le zeste d'un demi-citron râpé*

3 Temps de repos. Réunissez les deux pâtes et travaillez-les environ 2 à 3 minutes. Formez une boule, mettez-la dans un plat creux. Couvrez d'un linge et laissez reposer environ 2 heures au chaud.

4 Façonnage. Préchauffez le four à 180°C (th. 6). Partagez la pâte en 4 boules de même taille. Étalez en ovale en vous aidant d'un rouleau à pâtisserie sur une épaisseur d'environ 2 à 3 cm.

›DÉGUSTATION

Les fougassettes se dégustent encore tièdes, à la sortie du four, ou bien complètement refroidies. Vous pouvez aussi les servir accompagnées d'une crème anglaise ou encore d'une crème glacée. Sachez également que, s'il vous reste des fougassettes de la veille, vous pourrez les accommoder à la manière d'un pain perdu.

5 Finition. Découpez des entailles avec la lame d'un couteau. Disposez les fougassettes sur une plaque de four couverte de papier sulfurisé. Badigeonnez d'un peu d'eau.

6 Cuisson. Mettez à cuire environ 15 minutes ; les fougassettes prendront alors une jolie couleur dorée. Laissez refroidir sur une grille.

Préparation : 15 minutes | *Repos : 1 heure 30* | *Cuisson : 20 minutes* | *Réalisation : facile* | *Coût : assez cher*

Les petits pains *aux amandes*

Proposez comme aux meilleures tables d'authentiques pains maison, enrichis d'amandes et confectionnés avec l'étonnante farine de châtaignes. Une façon élégante de montrer combien vous appréciez vos invités.

1 **Préparation des amandes.** Versez les 30 g d'amandes dans le bol du robot et hachez-les grossièrement.

2 **Préparation de la levure.** Dans un bol, mélangez les 12 g de levure de boulanger avec les 18 cl d'eau tiède.

Ingrédients
(pour 8 petits pains)

- ✓ *200 g + 2 cuillères à soupe de farine de blé ordinaire tamisée*
- ✓ *150 g de farine de châtaignes*
- ✓ *30 g d'amandes mondées*
- ✓ *12 g de levure fraîche de boulanger*
- ✓ *18 cl d'eau tiède*
- ✓ *1 pincée de sucre en poudre*
- ✓ *2 cuillères à café de sel*

3 **Mélange.** Versez les 200 g de farine de blé et les 150 g de farine de châtaignes dans un saladier. Ajoutez les 2 cuillères à café de sel, la pincée de sucre en poudre et mélangez bien. Ajoutez la levure délayée et les amandes hachées. Mélangez et pétrissez la pâte pendant une douzaine de minutes.

4 **Temps de repos.** Formez une boule de pâte, placez-la dans un saladier légèrement huilé et couvrez d'un linge. Laissez gonfler pendant environ 1 heure dans un endroit chaud à l'abri des courants d'air.

5 **Façonnage.** Travaillez la pâte en la repliant plusieurs fois. Divisez-la en 8 petites boules. Déposez celles-ci sur une plaque de four farinée, couvrez d'un linge et laissez gonfler au chaud 30 minutes. Préchauffez le four à 240°C (th. 8).

6 **Cuisson.** Placez un bol d'eau dans le bas du four. Badigeonnez d'eau le dessus des petits pains et saupoudrez-les d'un peu de farine. Mettez au four pendant 20 minutes environ, en baissant la température à 210°C (th. 7) les 10 dernières minutes. Laissez refroidir sur une grille.

›ASTUCE

Vous pouvez éventuellement préparer vos pains la veille. Dans ce cas, pour préserver leur croustillant et leur finesse, placez-les dans un linge et mettez-les dans une pièce où ils seront à l'abri de la chaleur comme du froid. Vous pouvez aussi les réchauffer quelques minutes à feu doux avant de les servir.

Préparation : 20 minutes | *Repos : 3 heures* | *Cuisson : 40 minutes* | *Réalisation : facile* | *Coût : assez cher*

Le pain miel *et noisettes*

Essayez ce pain tout en douceur et en moelleux, aux saveurs originales, qui s'associera à merveille avec des plats lentement mitonnés. Sachez cependant qu'il est aussi délicieux en tranches recouvertes d'une fine couche de beurre !

1 **Préparation.** Émiettez les 12 g de levure dans les 20 cl d'eau tiède.

2 **Préparation de la pâte.** Versez dans un saladier les 250 g de farine de blé ordinaire tamisée, les 150 g de farine complète, la levure délayée, les 2 cuillères à soupe de miel, les 60 g de noisettes hachées et les 2 cuillères à café de sel.

Ingrédients
(pour 1 pain)

- ✓ *250 g de farine de blé ordinaire tamisée*
- ✓ *150 g de farine complète*
- ✓ *2 cuillères à soupe de miel*
- ✓ *12 g de levure fraîche de boulanger*
- ✓ *20 cl d'eau tiède*
- ✓ *60 g de noisettes hachées*
- ✓ *2 cuillères à café de sel*

3 **1er temps de repos.** Pétrissez la pâte pendant 8 à 10 minutes. Formez une boule de pâte et mettez-la dans un plat creux huilé. Couvrez d'un linge et laissez gonfler environ 1 heure dans un endroit chaud à l'abri des courants d'air.

4 **Façonnage.** Pliez la pâte plusieurs fois, puis donnez-lui la forme d'une boule.

› DÉGUSTATION

Ce pain au miel et aux noisettes, aux riches saveurs à la fois originales et raffinées, sera parfait pour accompagner un fromage frais tel un chèvre du Berry, un chaource de Bourgogne ou de Champagne, un brillat-savarin crémeux à souhait, ou encore un caprice des dieux.

5 **2e temps de repos.** Placez la boule de pâte sur une plaque de four légèrement farinée. Couvrez d'un linge et laissez reposer 2 heures au chaud.

6 **Cuisson.** Préchauffez le four à 240°C (th. 8). Placez un bol d'eau dans le bas du four. Formez une petite croix en incisant légèrement le dessus du pâton. Mettez à cuire 40 minutes en baissant la température à 210°C (th. 7) les 15 dernières minutes. Laissez refroidir sur une grille.

Préparation : 20 minutes | Repos : 2 heures 30 | Cuisson : 40 minutes | Réalisation : facile | Coût : bon marché

Le pain *aux dattes*

Invitez le grand sud à votre table avec ce pain richement garni de dattes. Œuf et fromage entrent dans la composition de ce pain goûteux. C'est donc presque un repas à lui tout seul ! Une petite note d'huile d'olive lui apporte en outre un petit parfum très agréable.

1 **Préparation.** Émiettez les 12 g de levure dans 8 cl d'eau tiède.

2 **Mélange.** Versez dans un saladier les 350 g de farine de blé ordinaire, l'œuf, les 2 cuillères à soupe d'huile d'olive, les 7 cl de lait tiède et la levure délayée. Mélangez bien. Ajoutez les 2 cuillères à café de sel. Pétrissez 10 minutes. Ajoutez éventuellement un peu de farine ou d'eau.

Ingrédients
(pour 1 pain)

- ✓ *350 g de farine de blé ordinaire tamisée*
- ✓ *100 g de dattes*
- ✓ *80 g de comté râpé*
- ✓ *12 g de levure fraîche de boulanger*
- ✓ *1 œuf*
- ✓ *2 cuillères à soupe d'huile d'olive*
- ✓ *8 cl d'eau tiède*
- ✓ *7 cl de lait tiède*
- ✓ *2 cuillères à café de sel*
- ✓ *huile pour le moule*

Ustensile
- ✓ *un moule à cake*

3 **1er temps de repos.** Formez une boule de pâte, mettez-la dans un plat creux huilé. Couvrez d'un linge et laissez reposer 1 heure dans un endroit chaud à l'abri des courants d'air.

4 **Préparation des dattes.** Ôtez les noyaux des 100 g de dattes et hachez finement la chair.

›ASTUCE

La datte est un fruit délicieux qui se prête à toutes sortes de recettes, salées et sucrées. Choisissez des dattes bien dodues, un peu molles sous le doigt. Si elles vous paraissent trop sèches, mettez-les, recouvertes d'eau, 30 minutes dans un bol avant de les cuisiner.

5 **Incorporation.** Incorporez les dattes hachées et les 80 g de comté râpé dans la pâte. Travaillez-la quelques instants. Façonnez un pain de forme allongée. Placez le pain dans le moule légèrement huilé. Laissez gonfler la pâte environ 1 h 30.

6 **Cuisson.** Préchauffez le four à 240°C (th. 8). Disposez un bol d'eau dans le bas du four. Incisez le dessus du pain en forme de croix. Mettez à cuire environ 40 minutes, en baissant la température à 210°C (th. 7) les 10 dernières minutes. Laissez refroidir 15 minutes avant de démouler.

Préparation : 35 minutes | *Repos : 3 heures 15* | *Cuisson : 25 minutes* | *Réalisation : facile* | *Coût : bon marché*

Les pains aux noix
et aux raisins

Invitez les saveurs d'automne à votre table et préparez de délicieux petits pains aux noix et aux raisins. Riches en minéraux, en fibres et en vitamines, ils sont un trésor d'énergie et de santé. Grâce à leur douce saveur fruitée, ils feront le bonheur des petits comme des grands.

1 Pétrissage. Versez les 20 cl d'eau tiède dans un bol et délayez les 12 g de levure fraîche. Versez les 350 g de farine sur le plan de travail et ajoutez la levure délayée. Mélangez bien. Versez la cuillère et demie de sel. Pétrissez la pâte avec les mains pendant 5 minutes.

2 Incorporation. Versez les 50 g de noix concassées et les 40 g de raisins secs. Continuez à pétrir pendant encore 5 minutes. Votre pâte doit former une boule lisse et homogène.

Ingrédients
(pour 8 petits pains)

- ✓ 350 g de farine de blé ordinaire tamisée
- ✓ 50 g de cerneaux de noix concassées
- ✓ 40 g de raisins secs
- ✓ 12 g de levure fraîche de boulanger
- ✓ 20 cl d'eau tiède (environ 30°C)
- ✓ 1,5 cuillère à café de sel fin

3 Temps de repos. Déposez la pâte dans un plat creux, couvrez d'un linge et laissez reposer 45 minutes dans un endroit chaud à l'abri des courants d'air. La pâte va doucement gonfler.

4 Façonnage. Déposez la pâte sur un plan de travail fariné et rompez-la plusieurs fois avec les mains. Façonnez avec vos mains farinées 8 petits pains ronds. Rangez-les sur une plaque de four farinée. Couvrez d'un linge et laissez reposer dans un endroit chaud pendant deux heures et demie.

› ASTUCE

Avec la même quantité de pâte, vous pouvez si vous le souhaitez pétrir deux pains de forme allongée. Dans ce cas, pensez à prolonger la cuisson au four de 10 minutes environ. Assurez-vous alors que les pains sont cuits à point en tapotant le dessous. Si cela sonne creux, c'est le bon moment pour arrêter la cuisson ! Sinon, laissez-les encore 2 minutes !

5 Cuisson. Préchauffez le four à 240°C (th. 8). Déposez un plat rempli d'eau tiède dans le four. Badigeonnez les pains d'un peu d'eau. Incisez le dessus en croix. Mettez à four chaud 25 minutes en baissant la température à 210°C (th. 7) les 10 dernières minutes. Laissez refroidir sur une grille.

› DÉGUSTATION

Les petits pains aux noix et aux raisins sont délicieux nature. Ils accompagnent très bien un fromage de chèvre un peu sec type crottin de Chavignol ou bien un Gruyère suisse ou un comté du Jura. Pensez-y pour le goûter des enfants. Ils se marient aussi très bien avec un civet de lapin ou un lapin à la bière.

Préparation : 20 minutes | *Repos : 1 heure 45* | *Cuisson : 35 minutes* | *Réalisation : facile* | *Coût : assez cher*

Le pain complet
aux raisins secs

Voici un pain très nourrissant, parfait pour un buffet campagnard ou un brunch entre copains. Il saura mettre en valeur vos charcuteries ou votre plateau de fromages affinés. À vous de pétrir !

1 Préparation. Émiettez les 12 g de levure dans les 20 cl d'eau tiède.

2 Préparation de la pâte. Versez les 200 g de farine de blé complète, les 200 g de farine de blé ordinaire et les 2 cuillères à soupe de lait en poudre dans un saladier. Ajoutez la levure délayée.

Ingrédients
(pour 1 pain)

- ✓ *200 g de farine de blé complète*
- ✓ *200 g de farine de blé ordinaire tamisée*
- ✓ *80 g de raisins secs*
- ✓ *2 cuillères à soupe de lait en poudre*
- ✓ *20 cl d'eau tiède*
- ✓ *12 g de levure fraîche de boulanger*
- ✓ *1 cuillère à soupe de sucre cassonade*
- ✓ *2 cuillères à soupe d'huile de tournesol*
- ✓ *2 cuillères à café de sel*

3 Incorporation. Ajoutez la cuillère à soupe de sucre cassonade, les 2 cuillères à soupe d'huile de tournesol et les 2 cuillères à café de sel. Mélangez bien. Pétrissez la pâte environ 8 à 10 minutes.

4 1er temps de repos. Formez une boule de pâte, mettez-la dans un plat creux légèrement huilé. Couvrez d'un linge et laissez reposer environ 1 heure dans un endroit chaud à l'abri des courants d'air.

›ASTUCE

Remplacez la moitié des 20 cl d'eau tiède par 10 cl de bière blonde, que vous incorporerez à température ambiante. Cela donnera à votre pain une mie légère et souple. Choisissez de préférence du sel marin pour vos pains, sa saveur légèrement iodée leur conférera un goût inimitable !

5 Façonnage. Ajoutez les raisins dans la pâte et repliez-la plusieurs fois. Formez un pain allongé. Placez-le sur une plaque de four farinée. Couvrez d'un linge et laissez reposer environ 45 minutes au chaud. Après ce temps de repos, préchauffez le four à 240°C (th. 8).

6 Cuisson. Placez un bol d'eau dans le bas du four. Incisez légèrement le dessus du pain en petits croisillons. Badigeonnez-le d'eau. Mettez à cuire environ 35 minutes, en baissant la température à 210°C (th. 7) les 10 dernières minutes. Laissez refroidir sur une grille.

Préparation : 20 minutes | *Repos : aucun* | *Cuisson : 45 minutes* | *Réalisation : facile* | *Coût : assez cher*

Le pain au maïs *et aux figues*

Voici un pain santé parfait pour réussir de manière originale un buffet à la campagne !
À préparer le jour même, avec de bonnes figues sèches,
et à savourer encore tiède avec un beurre fermier.

1 Préparation. Préchauffez le four à 180°C (th. 6). Versez les 50 g de miel dans une petite casserole et faites doucement tiédir. Beurrez légèrement le moule.

2 Préparation des figues. Découpez les 120 g de figues en petites lanières.

3 Mélange. Versez les 180 g de farine de blé, les 120 g de farine de maïs et le demi-sachet de levure dans un saladier. Mélangez.

4 Finition de la pâte. Ajoutez les figues et les 30 g de raisins à la farine. Incorporez le miel, la pincée de sel, les 20 cl de lait et les 10 cl de crème.

5 Garnissage du moule. Versez la pâte dans le moule et lissez bien le dessus.

6 Cuisson. Mettez à cuire environ 45 minutes. Laissez tiédir, puis démoulez sur une grille.

Ingrédients
(pour 1 pain)

- ✓ *180 g de farine de blé ordinaire tamisée*
- ✓ *120 g de farine de maïs tamisée*
- ✓ *50 g de miel*
- ✓ *120 g de figues sèches*
- ✓ *30 g de raisins secs*
- ✓ *20 cl de lait*
- ✓ *10 cl de crème*
- ✓ *10 g de beurre*
- ✓ *1/2 sachet de levure chimique*
- ✓ *1 pincée de sel*

Ustensile

- ✓ *un moule à cake d'environ 24 cm*

› ASTUCE

Choisissez de préférence un moule antiadhésif pour cuire votre pain, ce qui facilitera le démoulage. Utilisez un miel aux saveurs douces, comme le miel d'acacia, qui s'accordera très bien avec le délicat petit goût de noisettes de la farine de maïs.

Préparation : 35 minutes | *Repos : 2 heures 30* | *Cuisson : 35 minutes* | *Réalisation : facile* | *Coût : assez cher*

Le pain orange
et pignons

Ce pain de table, délicatement parfumé à l'orange et constellé de petits pignons croquants, est une belle innovation.
Un pain original à servir avec une daube provençale ou un bon plat en sauce.

1 Préparation. Émiettez les 12 g de levure dans 5 cl d'eau tiède.

2 Préparation de l'orange. Rincez et essuyez soigneusement l'orange. Râpez finement le zeste. Pressez le jus.

Ingrédients
(pour 1 pain)

- ✓ *280 g de farine de blé ordinaire tamisée*
- ✓ *12 g de levure fraîche de boulanger*
- ✓ *18 cl d'eau tiède*
- ✓ *4 cuillères à soupe de pignons*
- ✓ *1 orange non traitée*
- ✓ *2 cuillères à soupe d'huile*
- ✓ *2 cuillères à café de sel*

3 Mélange. Versez les 280 g de farine, le reste d'eau tiède et la levure délayée dans un saladier. Ajoutez les 2 cuillères à soupe d'huile, les 2 cuillères à café de sel, les 4 cuillères à soupe de pignons, le zeste d'orange râpé et 2 cuillères à soupe de jus d'orange. Pétrissez la pâte 10 minutes. Ajoutez un peu d'eau ou de farine si nécessaire.

4 Temps de repos. Formez une boule de pâte, mettez-la dans un plat creux légèrement huilé. Couvrez d'un linge et laissez reposer 1 h dans un endroit chaud.

›DÉCORATION

Pour apporter une jolie touche finale à votre pain, ajoutez quelques pignons sur le dessus juste avant de le mettre au four. Vous pouvez aussi procéder à de petites incisions fines en croisillons à l'aide d'une lame de rasoir ou d'un couteau.

5 Façonnage. Travaillez la pâte quelques instants et donnez-lui la forme d'un pain allongé. Placez le pain sur une plaque de four légèrement farinée. Couvrez d'un linge et laissez reposer 1 h 30 dans un endroit chaud.

6 Cuisson. Préchauffez le four à 240°C (th. 8). Placez un bol d'eau dans le bas du four. Badigeonnez le pain d'un peu d'eau. Mettez à cuire environ 35 minutes, en baissant la température à 210°C (th. 7) les 10 dernières minutes. Laissez refroidir sur une grille.

Préparation : 35 minutes | Repos : 2 heures 30 | Cuisson : 25 minutes | Réalisation : facile | Coût : assez cher

Le pain de seigle *aux noix*

Essayez ce pain rustique de très haut goût. De la farine de seigle, de la farine de blé, des cerneaux de noix... Tout concourt à en faire la star du repas. Vos amis vous féliciteront chaleureusement !

1 Préparation des cerneaux de noix. Déposez les 80 g de cerneaux de noix dans le bol de votre robot et hachez-les grossièrement.

2 Préparation de la pâte. Déposez les 12 g de levure dans un bol avec les 18 cl d'eau tiède et mélangez. Versez dans un saladier les 200 g de farine de blé et les 120 g de farine de seigle.

Ingrédients
(pour 1 pain)

- ✓ *200 g de farine de blé ordinaire tamisée*
- ✓ *120 g de farine de seigle tamisée*
- ✓ *80 g de cerneaux de noix*
- ✓ *12 g de levure fraîche de boulanger*
- ✓ *18 cl d'eau tiède*
- ✓ *2 cuillères à café de sel*
- ✓ *2 cuillères à soupe d'huile de noix*

3 Pétrissage. Versez la levure délayée dans le saladier de farine. Ajoutez les 2 cuillères à café de sel et les 2 cuillères à soupe d'huile de noix. Pétrissez pendant environ 8 minutes. Ajoutez les cerneaux de noix hachés et pétrissez encore 1 minute.

4 1er temps de repos. Déposez la pâte dans un plat creux aux parois huilées. Couvrez-la d'un linge. Laissez-la gonfler dans un endroit chaud à l'abri des courants d'air pendant environ 1 h 30.

›ASTUCE

Si vous n'avez pas respecté les temps de repos indiqués, le pain cuit sera alors trop monté. Il est donc préférable de retravailler la pâte quelques instants pour la faire retomber et de la remettre à lever 45 minutes dans un endroit chaud plutôt que de tenter une cuisson avec une pâte trop gonflée.

5 2e temps de repos. Travaillez la pâte quelques instants et donnez-lui la forme d'un pain allongé. Déposez ce pain sur une plaque de four légèrement farinée. Couvrez-le d'un linge et laissez-le dans un endroit chaud pendant environ 1 heure.

6 Cuisson. Préchauffez le four à 240°C (th. 8). Déposez un bol d'eau tiède dans le bas du four. Badigeonnez le dessus du pain d'un peu d'eau. Mettez à cuire environ 25 minutes en baissant la température à 210°C (th. 7) les 10 dernières minutes. Laissez refroidir sur une grille.

Préparation : 20 minutes | *Repos : 5 heures* | *Cuisson : 50 minutes* | *Réalisation : facile* | *Coût : bon marché*

Le pain
au blé noir

Mettez-vous à l'heure bretonne et préparez ce pain original et savoureux. Les occasions ne manqueront pas pour l'apprécier ! Vous le servirez au goûter accompagné d'un bon beurre salé et d'un peu de miel. Il sera aussi parfait avec un plat de viande en sauce mijoté…

1 **Préparation du levain.** Délayez dans un bol les 12 g de levure fraîche, les 30 cl d'eau tiède et 100 g de farine de blé. Laissez reposer 2 heures dans un endroit chaud.

2 **Préparation de la pâte.** Mélangez dans un saladier les 350 g de farine de blé noir et le reste de farine de blé. Versez les 2 cuillères à café de sel. Pétrissez la pâte pendant 8 à 10 minutes jusqu'à ce qu'elle devienne souple et élastique.

3 **1er temps de repos.** Déposez la pâte dans un plat creux légèrement huilé, couvrez d'un linge et laissez reposer 1 heure dans un endroit chaud à l'abri des courants d'air. La pâte gonflera doucement.

4 **Façonnage et 2e temps de repos.** Rompez la pâte plusieurs fois avec les mains. Formez une boule de pâte. Déposez la boule de pâte sur une plaque de four légèrement farinée. Couvrez d'un linge et laissez gonfler au chaud 2 heures environ.

5 **Préparation à la cuisson.** Préchauffez le four à 240°C (th. 8). Incisez en croix le dessus de la miche. Badigeonnez d'eau.

6 **Cuisson.** Déposez un bol d'eau tiède dans le bas du four. Mettez à cuire environ 50 minutes en baissant la température à 210°C (th. 7) les 10 dernières minutes. Laissez refroidir sur une grille.

Ingrédients
(pour 1 pain)

- ✓ *350 g de farine de blé noir (sarrasin)*
- ✓ *150 g de farine de blé ordinaire tamisée*
- ✓ *12 g de levure fraîche de boulanger*
- ✓ *30 cl d'eau tiède (environ 25°)*
- ✓ *2 cuillères à café de sel fin*

›ASTUCE

Le blé noir ou sarrasin est une céréale cultivée en Bretagne. Le grain est moulu pour fabriquer une farine qui sert à confectionner des galettes et des crêpes, des pains, des bouillies et des gâteaux. Son petit goût de noisette en fait une farine très appréciée. On fabrique aussi de la bière à partir des grains de blé noir. Le miel de sarrasin, très estimé, entre dans la composition du pain d'épices breton.

Préparation : 20 minutes | *Repos : 15 heures* | *Cuisson : 35 minutes* | *Réalisation : facile* | *Coût : bon marché*

Le pain
à l'orge

Un zeste d'audace, un soupçon d'originalité et c'est l'alchimie de la découverte. Essayez sans attendre la farine d'orge, ce trésor de bienfaits. Un pain diététique et gourmand qui vous permettra d'imaginer des repas vraiment pas ordinaires !

1 Préparation de la farine d'orge. Versez les 200 g de farine d'orge dans un saladier et couvrez avec les 25 cl d'eau bouillante. Laissez reposer une nuit.

2 Préparation de la pâte. Émiettez les 15 g de levure fraîche dans un saladier, ajoutez les 15 cl d'eau tiède. Mélangez, ajoutez les 12 cl d'huile, les 2 cuillères à café de sel et les 250 g de farine de blé.

Ingrédients
(pour 1 pain)

- ✓ *250 g de farine de blé ordinaire tamisée*
- ✓ *200 g de farine d'orge tamisée*
- ✓ *15 g de levure fraîche de boulanger*
- ✓ *25 cl d'eau bouillante*
- ✓ *15 cl d'eau tiède (environ 25°C)*
- ✓ *12 cl d'huile*
- ✓ *2 cuillères à café de sel fin*

3 Pétrissage. Pétrissez la pâte avec les mains pendant 10 minutes. Incorporez ensuite les 250 g de farine d'orge. Couvrez la boule d'un peu de farine d'orge.

4 Temps de repos. Déposez la boule de pâte dans un plat creux, couvrez d'un linge et laissez reposer 2 heures dans un endroit chaud à l'abri des courants d'air. La pâte gonflera doucement.

›ASTUCE

Avec la même quantité de pâte, vous pouvez aussi réaliser 6 à 8 petits pains ronds. Badigeonnez-les d'un peu d'eau au moment de mettre au four pour leur donner une jolie couleur légèrement dorée. Dans ce cas, réduisez le temps de cuisson à 20 ou 25 minutes. Pour vérifier la cuisson, il vous suffit de tapoter le dessous d'un pain. S'il sonne creux, il est suffisamment cuit !

5 Façonnage. Rompez la pâte plusieurs fois avec les mains. Façonnez un pain plat et rond. Rangez-le sur une plaque de four farinée. Couvrez d'un linge et laissez reposer dans un endroit chaud pendant 1 heure.

6 Cuisson. Préchauffez le four à 240°C (th. 8). Déposez un grand bol rempli d'eau tiède dans le bas de votre four. Incisez le dessus en forme de croix. Mettez au four environ 35 minutes en baissant la température à 210°C (th. 7) après 15 minutes. Laissez refroidir sur une grille.

Préparation : 35 minutes | Repos : 3 heures 15 | Cuisson : 40 minutes | Réalisation : facile | Coût : bon marché

Le pain *aux céréales*

Naturellement bon et nourrissant, le pain aux céréales va changer vos petits déjeuners et donner de l'énergie à toute la famille. Un pain tonique et parfumé pour bien commencer la journée !

1 Préparation. Versez les 18 cl d'eau tiède dans un bol et délayez les 18 g de levure fraîche. Versez les 200 g de farine ordinaire et les 150 g de farine de blé complet ainsi que les 100 g de flocons de céréales dans un saladier et ajoutez la levure délayée. Mélangez bien.

2 Pétrissage. Versez 1,5 cuillère à café de sel et 1 cuillère à soupe d'huile. Pétrissez la pâte avec les mains pendant 10 minutes. Votre pâte doit former une boule lisse et homogène.

Ingrédients
(pour 1 pain)

- ✓ *200 g de farine de blé ordinaire tamisée*
- ✓ *150 g de farine de farine de blé complet tamisée*
- ✓ *100 g de flocons de céréales (avoine, orge ou millet)*
- ✓ *18 g de levure fraîche de boulanger*
- ✓ *18 cl d'eau tiède (environ 30°C)*
- ✓ *1,5 cuillère à café de sel fin*
- ✓ *1 cuillère à soupe d'huile*

3 Temps de repos. Déposez la pâte dans un plat creux, couvrez d'un linge et laissez reposer 45 minutes dans un endroit chaud à l'abri des courants d'air. La pâte va doucement gonfler.

4 Façonnage. Déposez la pâte sur un plan de travail fariné et rompez-la plusieurs fois avec les mains. Façonnez avec vos mains un pain rond. Rangez-le sur une plaque de four farinée. Couvrez d'un linge et laissez reposer dans un endroit chaud pendant 2 h 30.

›VARIANTE

Vous pouvez enrichir votre pain aux céréales de 20 g de graines de tournesol ou de 20 g de graines de sésame, ou encore de 30 g de noix ou de noisettes hachées. Un mélange de raisins secs et d'abricots secs découpés en petits dés peut très bien se marier avec les saveurs de céréales et feront de votre pain une véritable mine de fibres et de vitamines!

5 Cuisson. Préchauffez le four à 240°C (th. 8). Badigeonnez le pain d'un peu d'eau. Saupoudrez de quelques flocons de céréales. Mettez à four chaud environ 40 minutes en baissant la température à 210°C (th. 7) les 10 dernières minutes. Laissez refroidir sur une grille.

›DÉGUSTATION

Le pain aux céréales est idéal pour confectionner de belles tartines. Garnissez-les d'une tranche de jambon de pays et d'un peu de moutarde pour faire un délicieux sandwich ou couvrez-les de fines tranches de blancs de volailles cuits et de fromage blanc parfumé aux herbes. Ce pain très énergétique est aussi parfait au petit déjeuner avec du beurre et des confitures.

Préparation : 20 minutes | Repos : 1 heure 30 | Cuisson : 20 minutes | Réalisation : facile | Coût : bon marché

Les petits pains navette

Ces minipains, très décoratifs, mettront en valeur une table de fête ou un buffet raffiné. Ils sont faciles à confectionner et séduiront tout le monde avec leurs petites graines de sésame. Même les débutants peuvent les réussir !

1 **Préparation.** Émiettez les 12 g de levure dans les 18 cl d'eau tiède.

2 **Mélange.** Versez les 350 g de farine dans un saladier. Ajoutez la levure délayée, les 2 cuillères à soupe d'huile de tournesol, les 2 cuillères à café de sel et mélangez. Pétrissez 8 à 10 minutes.

Ingrédients
(pour 8 pains)

- ✓ *350 g de farine de blé ordinaire tamisée*
- ✓ *12 g de levure fraîche de boulanger*
- ✓ *2 cuillères à soupe d'huile de tournesol*
- ✓ *18 cl d'eau tiède*
- ✓ *2 cuillères à café de sel*
- ✓ *3 cuillères à soupe de sésame blond*

3 **1er temps de repos.** Formez une boule de pâte, mettez-la dans un plat creux huilé. Couvrez d'un linge et laissez reposer environ 45 minutes dans un endroit chaud à l'abri des courants d'air.

4 **Façonnage.** Repliez plusieurs fois la pâte. Partagez-la en 8 parts égales. Formez de petits boudins. Allongez les extrémités pour leur donner une forme pointue. Versez les 3 cuillères à soupe de sésame dans un plat et roulez-y les pains.

› VARIANTE

Vous pouvez saupoudrer le dessus de vos pains d'un mélange de graines de sésame blond et de sésame noir, ce qui sera du plus bel effet !
Une cuillère à soupe de graines de sésame ajoutée à la pâte au début de la fabrication apportera une petite note savoureuse très agréable.

5 **2e temps de repos.** Disposez les pains sur une plaque de four couverte de papier sulfurisé. Couvrez d'un linge et laissez reposer environ 45 minutes dans un endroit chaud.

6 **Cuisson.** Préchauffez le four à 240°C (th. 8). Posez un bol d'eau dans le bas du four. Mettez à cuire environ 20 minutes, en baissant la température à 210°C (th. 7) les 10 dernières minutes. Laissez refroidir sur une grille.

Préparation : 1 heure | Repos : 3 heures | Cuisson : 25 minutes | Réalisation : assez facile | Coût : assez cher

Les petits pains *aux graines de pavot*

Originaire de l'Europe de l'Est, ce pain de fête accompagne les Pâques en Russie, en Pologne et dans toute la Bohême depuis le Moyen Âge. Les graines de pavot, apportées par les caravanes au XIIIe siècle, donnent à sa mie une saveur douce-amère qui s'accorde à merveille avec la charcuterie et les poissons fumés.

Ingrédients
(pour 10 petits pains)

- ✓ *300 g de farine de blé ordinaire tamisée*
- ✓ *10 cl de lait tiède (25°C)*
- ✓ *10 cl d'eau tiède (25°C)*
- ✓ *10 g de levure fraîche de boulanger*
- ✓ *1 cuillère à café de sel*
- ✓ *10 g de beurre ramolli*
- ✓ *30 g de graines de pavot*

1 Préparation. Mettez les 300 g de farine sur le plan de travail et faites un puits au centre. Versez les 10 cl de lait et les 10 cl d'eau. Du bout des doigts, incorporez petit à petit les éléments. Pétrissez pendant 5 minutes.

2 Pétrissage. Lorsque la pâte est lisse et souple, roulez-la en boule. Couvrez-la d'un linge humide et laissez reposer pendant 30 minutes. Émiettez ensuite les 10 g de levure, incorporez-les à la pâte, pétrissez, puis ajoutez la cuillère à café de sel.

3 Mélange et fermentation. Pétrissez encore et ajoutez les 10 g de beurre ramolli et environ 20 g de graines de pavot (réservez-en une partie). Déposez la pâte dans un saladier couvert d'un linge humide et laissez lever pendant 1 h 30 à température ambiante.

4 Façonnage. La pâte doit avoir doublé de volume. Faites-la retomber en appuyant avec les mains et en la repliant sur elle-même. Divisez-la en dix portions. Façonnez délicatement chaque morceau en une petite boule, et déposez-les sur la plaque du four. Laissez lever à nouveau pendant 1 heure.

5 Décoration. Trempez la partie supérieure des petits pains dans un peu d'eauet roulez-les dans le reste des graines de pavot. Avec la pointe d'un couteau, tracez une croix sur chacun des petits pains. Préchauffez le four à 220°C (th. 7-8).

6 Cuisson. Mettez au fond du four un plat à gratin rempli d'eau chaude. Enfournez et laissez cuire les petits pains pendant 25 minutes. Si vous trouvez qu'ils dorent trop vite, baissez la température à 180°C (th. 6). Laissez refroidir sur une grille.

› CONSERVATION

Vous pouvez congeler vos petits pains aux graines de pavot. Disposez-les dans des sacs de congélation individuels et utilisez-les selon vos besoins. Pour mieux les savourer, sortez-les du congélateur au dernier moment et passez-les directement au four préchauffé à 220°C (th. 6-7). Laissez-les 10 minutes environ et servez-les tièdes. Ils seront délicieusement croustillants.

Index

LE TOUR DU MONDE
DES PLUS BELLES
croisières

Nous pensons qu'en tant que raconteurs d'histoire,
nous pouvons aider à ce que les rêves deviennent réalité.
Martin Luther King

LE TOUR DU MONDE DES PLUS BELLES croisières

Béatrice et Jean-François GOURDON

Éditions Ouest-France

Sommaire

Ô mers, ô volières de ma mémoire !
Jules Laforgue Les Complaintes

Comment se passe UNE CROISIÈRE ?

Les navires naviguent en général la nuit et accostent au matin vers 8 heures aux différentes escales puis repartent vers 18 heures. Deux services de restauration sont proposés (à choisir au début de la croisière) pour les dîners (19 heures et 21 heures). Sur les navires hauts de gamme, les horaires sont libres. On peut demander des tables de deux. Des spectacles de très bonne qualité sont proposés entre les deux services. Casino, boîte de nuit ou bar dansant : la nuit peut être très courte. Le matin, petit déjeuner en cabine ou au restaurant, en terrasse à l'extérieur ; le midi, formule restaurant ou cafétéria et dîner servi en salle.

VOYAGER SEUL

Les cabines sont conçues pour des couples ou des familles. Les célibataires peuvent réserver une cabine entière moyennant un supplément allant de 50 à 100 % selon les compagnies. Il est toutefois possible de demander, lors de la réservation, de partager sa cabine avec une autre personne (de même sexe, mais pas forcément de même nationalité) dans la même situation.

LE MAL DE MER

La taille des navires (qui peut atteindre 130 000 tonnes, soit près du double de l'ex-*France*) permet une stabilité déconcertante. Dans les Caraïbes au mois de février, les mers sont d'ailleurs rarement violentes. Il existe toutefois quelques médicaments efficaces qui soulageront les plus sensibles (renseignez-vous auprès de votre pharmacien).

QUE DOIT-ON METTRE DANS SA VALISE ?

Ce qui est agréable en croisière, c'est de ne pas se soucier de faire et défaire sa valise pendant tout le séjour ; on pourra donc, si l'envie s'en fait ressentir, emporter quelques tenues « habillées ». Les restaurants sont à rapprocher de ceux que l'on trouve dans les grands hôtels. Dans la plupart des compagnies, la traditionnelle soirée de gala (avec robe longue pour les femmes, smoking et cravate pour les hommes) a été conservée.

JE NE PARLE QUE FRANÇAIS

Tous les navires offrent des annonces et des journaux de bord en français. On trouve toujours du personnel maîtrisant parfaitement le français, notamment au restaurant ; les excursions sont organisées par groupes de langue.

CE QUI EST COMPRIS DANS LE PRIX D'UNE CROISIÈRE

La pension complète (près de 5 repas par jour !), hors boissons alcoolisées (certaines compagnies proposent le tout inclus) ; les activités à bord : fitness center, spectacle, sauna, tennis, minigolf…

CE QUI N'EST PAS COMPRIS

Les excursions, les pourboires, massage, centre de soins, mur d'escalade, salle de jeux électroniques.

LES POURBOIRES

Il est de tradition dans les croisières de rémunérer, en partie, certains membres du personnel par des pourboires. Les compagnies proposent désormais de prélever directement à bord un montant de 5 € par jour de croisière et par personne. D'autres incluent ce montant dans les offres initiales. Il importera donc de vérifier attentivement, avant de partir, si les pourboires sont inclus et dans le cas contraire d'évaluer ce montant afin de ne pas avoir de mauvaises surprises.

LES EXCURSIONS

À bord de chaque navire se trouve un « bureau des excursions » où vous pouvez réserver directement votre excursion pour les jours à venir. Les tarifs sont généralement de 50 € pour des excursions d'une demi-journée et de 100 € pour la journée.
Vous pouvez toujours organiser vous-même vos excursions en louant directement une voiture ou demander à un taxi (après avoir négocié le prix) de vous emmener dans les plus beaux sites de l'île. Dans la plupart des escales, des prestataires se tiennent au pied de l'échelle de coupée pour offrir leurs services.

LÉGENDE DES FICHES DE PRÉSENTATION

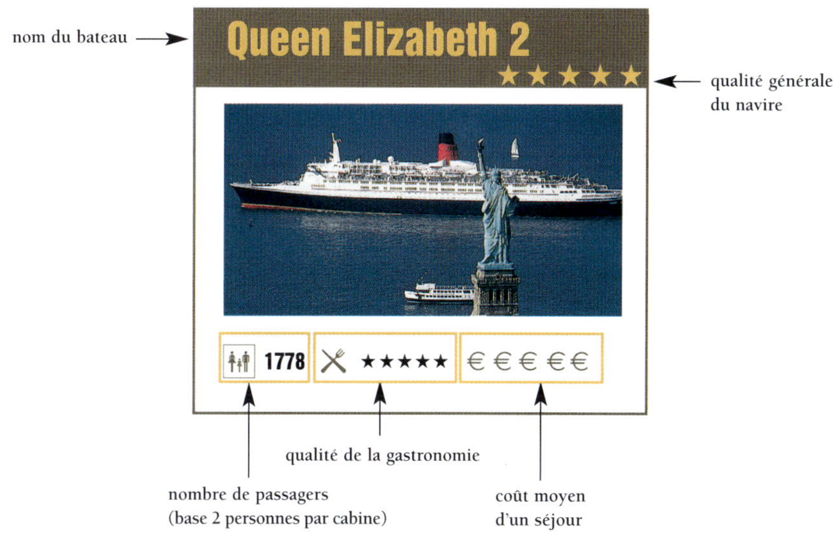

		Classe	Longueur	Tonnage	Passagers	Ratio Pers/Pax	Ratio Ton/Pax	Gastronomie	Prix
Page 84	**Aranui 2**	★★	105 m	2011t	**110**	0,38	18,28	★	€€€
Page 118	**Crystal Harmony**	★★★★★	241 m	49400t	940	0,57	52,55	★★★★★+	€€€€€
Page 22	**Disney Wonder**	★★★★	294 m	83388t	1760	0,54	47,38	★★★★	€€€€
Page 72	**Paul Gauguin**	★★★★+	156 m	18800t	320	0,64	58,75	★★★★★	€€€€
Page 10	**Queen Elizabeth 2**	★★★★★	**294 m**	70327t	1778	0,57	39,55	★★★★★	€€€€€
Page 96	**Radiance of the Seas**	★★★★	293 m	**90090t**	2100	0,41	42,90	★★★★	€€€
Page 46	**Royal Clipper**	★★★+	134 m	5060t	228	0,46	22,20	★★★	€€€
Page 34	**Seven Seas Mariner**	★★★★★	216 m	50000t	700	0,63	71,43	★★★★★+	€€€€€
Page 58	**Silver Shadow**	★★★★★+	186 m	28259t	382	0,77	74	★★★★★+	€€€€€€
Page 106	**The World**	★★★★★	196 m	43000t	390	**0,82**	**110,25**	★★★★	€€€€€
Page 130	**Wind Surf**	★★★★+	188 m	14745t	308	0,53	47,87	★★★★+	€€€€

€€€ de 100 à 200 € par jour et par personne • €€€€ de 200 à 300 € par jour et par personne • €€€€€ de 300 à 500 € par jour et par personne • €€€€€€ plus de 500 € par jour et par personne

Croisière 1

La légende des grands liners

De Southampton à New York

à bord de QUEEN ELIZABETH 2

Une transatlantique n'est pas tout à fait une croisière. C'est le grand voyage en bateau. Cinq jours sans voir la terre, cinq jours pour entreprendre un tour du monde, s'évader, rêver ou revivre tout simplement la belle époque des grands voyageurs du siècle dernier.

Queen Elizabeth 2 ★★★★★

1778 — ★★★★★ — €€€€€

Longueur 293,70 m
Largeur 32 m
Tirant d'eau 10 m
Tonnage 70327 t
Membres d'équipage 1015
Construction John Brown (Glasgow)
Pavillon britannique
Armateur Cunard. Groupe Carnival
Mise en service 1969
Ratio membre d'équipage/passager 0,57
Ratio tonnage/passager 39,55

Appréciation d'ensemble
Ambiance unique, service hors pair, arrivée inoubliable à New York concourent à faire de ce voyage une véritable légende.

Pages précédentes : La fonction première de « QE2 » demeure toujours les transatlantiques qu'il effectue une vingtaine de fois chaque année

Page de droite : Profilé pour naviguer dans toutes les mers, « QE2 » maintient une vitesse de croisière proche des 30 nœuds en n'importe quelle circonstance

Pages suivantes : Face à Manhattan, la proue de « QE2 » symbolise aujourd'hui l'histoire de l'immigration américaine

Béatrice Muller range consciencieusement sa robe rouge dans la buanderie de sa cabine. Il est 23 heures et ce soir, comme chaque nuit des cinq jours passés en mer, les dizaines d'horloges du *Queen Elizabeth 2* vont changer d'horaire. Depuis trois ans que Béatrice Muller a décidé de vivre à bord, les décalages horaires quotidiens font partie de la routine. « *QE2*, c'est ma maison, c'est ma famille. En 1999, nous avons effectué avec mon mari notre dernière croisière. Il est mort ici. Alors, j'ai décidé de vivre à bord, j'ai tout vendu, et maintenant, *QE2* est *my sweet home*… Chaque soir, je me rends au Queens Room. Freddy ou Tom me font

CUNARD
Queen Elizabeth 2

Queen Elizal

2
2

Depuis 1820, les couleurs rouge et noir marquent les cheminée de la Cunard

Impossible d'accéder au gaillard avant en navigation où les vents atteignent souvent plus de 80 km/h

danser. Je rencontre des gens merveilleux. Quelle plus belle retraite pouvais-je espérer ? » Freddy et Tom, comme les huit *gentlemen host*, sont des danseurs professionnels à la retraite qui voyagent gratuitement. En contrepartie, quand vient la nuit, vêtus de leur smoking, ils font valser toutes ces dames, quelque peu esseulées dans l'immensité de l'Atlantique.
Si tous les passagers du *Queen Elizabeth 2* ne sont pas des résidents permanents, chacun aspire à partager cette atmosphère indéfinissable, à nulle autre pareille, où se mêlent nostalgie et charme britannique.

Paul Wright, commandant du « QE2 » mène chaque semaine 1015 membres d'équipages et 1778 passagers entre les deux continents

Chaque année, *Queen Elizabeth 2* effectue une vingtaine de transatlantiques. « C'est le seul liner encore en service qui perpétue la tradition des traversées transatlantiques », explique fièrement le capitaine Paul Wright. *QE2* (prononcer « Kiouitou ») est en effet conçu pour effectuer des transatlantiques. Le profilage de sa coque et la puissance de ses moteurs lui permettent d'affronter toutes les mers. En hiver, les vagues peuvent bien atteindre des hauteurs de plus de 10 m, elles ne ralentissent pour autant pas la course du plus élégant des navires. Fine comme une lame, l'étrave du navire fend la mer avec une puissance pleine de majesté. « J'espérais secrètement une tempête, une de ces tempêtes exceptionnelles, avec des vagues hautes comme des immeubles de dix étages », confie Sébastien, un jeune homme de 28 ans en voyage de noces. Son épouse, Isabelle, n'a pas attendu la confrontation avec le roulis. Elle s'est immédiatement dirigée au Medical Facility, situé au *Six Deck* (pont 6). L'un de trois médecins lui a administré une piqûre préventive contre le mal de mer. « Très efficace », confie le Dr Caroll. C'est malgré tout dommage de ne rien pouvoir avaler et de devoir rester cloîtrée dans sa cabine quand, un pont au-dessus, les plats les plus raffinés vous sont soigneusement préparés !

« La vitesse n'est rien. Arrivez avec votre bateau sauf. La sécurité est tout ce qu'on demande »
Samuel CUNARD

VITESSE ET SÉCURITÉ

Fils de charpentier, Samuel Cunard va marquer l'histoire maritime.

En 1840, le *Britannia,* équipé de machines à vapeur et de voiles, effectue sa première transatlantique en 12 jours à la vitesse de 10 nœuds.

Soixante ans plus tard, les voiles ont totalement disparu et les grands liners sillonnent déjà l'Atlantique à des vitesses proches de celles d'aujourd'hui.

Le *Mauretania* (gravure du haut) et son frère jumeau, le *Lusitania* conserveront de 1907 à 1929 le Ruban bleu, prix de vitesse décerné aux navires reliant les deux continents. Les Cunarder ne cesseront, pendant plus de cent soixante ans, de rivaliser de vitesse, de luxe et de sécurité.

Le traitement à base de Prométhazine est actif pendant toute la traversée.

Car, dans la grande tradition maritime, l'attachement aux saveurs culinaires n'est pas un vain mot. À chaque déjeuner, le menu du soir vous est remis. Si l'un des huit ou dix plats proposés ne vous satisfait pas, vous avez toujours la possibilité de commander celui dont vous avez irrésistiblement envie ce jour-là : un coq au vin ou une sole meunière par exemple. « Il n'y a aucune limite, certains passagers nous confient même les recettes de leur grand-mère pour que nous leur préparions le plat préféré de leur enfance », confie Mario, le maître queux du Britania Grill. Autre tradition toujours vivace à bord de cette vénérable institution britannique : l'affectation des restaurants en fonction de la cabine. Dîner au Queens Grill est un privilège réservé aux occupants des suites (certaines d'entre elles peuvent atteindre plus de 100 m^2). En fait, les menus ne sont guère différents. Seules les qualités de caviar varient.

Autre sacro-sainte tradition britannique : le *tea time*. Pour miss Sherwood, c'est une véritable liturgie. Assise depuis plus d'une heure dans un large fauteuil, elle attend patiemment 17 heures. À ce moment-là, sur des plateaux d'argent portés par des garçons de salle aux gants blancs arrivent les petits fours. Face à une mer aux formes arrondies, sous un ciel laiteux, les sandwichs au saumon côtoient les petites confiseries multicolores qui plongent miss Sherwood dans un ravissement quasi extatique.

Les passagers du *QE2* ne ressemblent en aucun cas aux croisiéristes habituels. Pour certains, c'est l'unique façon de se rendre aux États-Unis. Tel David Bowie, qui fait partie de ces personnes qui ne supportent pas l'avion, mais c'est aussi le cas de cette jeune maman enceinte ou de ce couple dont le mari, cardiaque, évite tout moyen de transport brutal. Plus anecdotique, cette femme qui voyage avec son chien. *QE2* est en effet l'un des rares navires à accueillir les animaux. Et là encore, tout est prévu, la terrasse pour prendre l'air et même un véritable réverbère londonien.

A droite : Digne des plus grandes tables, découpes et cuissons s'effectuent en salle

Lecture, gastronomie, spa, conférence, soirée dansante, les cinq jours de mer imposent leur rythme

Pour la dernière soirée, la tenue recommandée sera une fois encore le smoking pour les hommes et la robe longue pour les femmes. Sébastien, le jeune marié, est passé voir Jimmy *the florist* au *Three Deck* (pont 3). Situé à côté de la buanderie, ce véritable fleuriste confectionne des bouquets de fleurs fraîches. Ce soir, Jimmy déposera le bouquet rond et le petit mot de Sébastien sur la table des jeunes amoureux. Demain, ils se lèveront tôt pour assister à la plus grandiose des arrivées qui soit : l'entrée à New York par la mer. À 5 h 30 du matin, les ponts extérieurs sont noirs de monde. En dépit du vent glacial, chacun veut ressentir cette immense sensation, la même certainement qui devait saisir tous les immigrants que fascinait le Nouveau Monde. Le pont Verrazano d'abord, la statue de la

LES LÉGENDES PERDURENT

En décembre 2004 le *Queen Mary 2* succède au *Queen Elizabeth 2*. Construit aux Chantiers de l'Atlantique de Saint-Nazaire, le navire de tous les superlatifs, comme le plus grand navire jamais construit, conserve les grandes traditions de la Cunard. Les transatlantiques auront survécu au IIe millénaire dans un nouveau confort : hors normes.

Coursive circulaire, ponts arrière ouverts sur l'horizon, « QE2 » est ouvert sur la mer

Page de droite : Le passage du pont Verrazano à New York marque l'entrée dans le Nouveau Monde

Liberté ensuite, Staten Island et puis Manhattan, l'éblouissement. *QE2* se glisse lentement, silencieusement, presque timidement dans ce décor imposant. Les couples s'enlacent, quelques larmes sont discrètement séchées. Chacun redoute maintenant l'accostage, la fin du voyage, la fin d'une aventure et d'une escapade hors du temps, presque hors du monde. « Mais c'est un vieux mensonge à plaisir inventé, que de croire au bonheur hors de la volupté [1] ! »

1. Alfred de Musset.

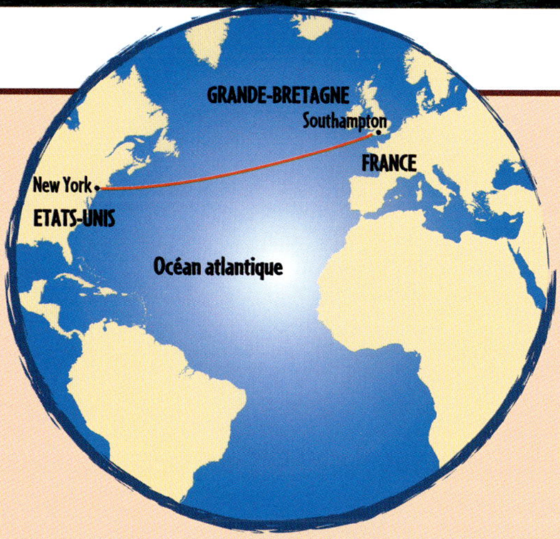

Conseils pratiques avant d'embarquer

Cabines : 772 réparties en quatre catégories identifiée par l'initiale du restaurant auquel elles sont affectées. 73 cabines de luxe (Q pour Queen's Grill), 105 cabines (P pour Princess Grill ou Britania Grill) 244 cabines C pour Caronia. Les superficies varient de 17 à 24 m² et leur décoration a été rajeunie récemment dans le style d'origine. Surface de rangements généreuse. 35 cabines pour personnes seules.

Restauration : Excellente prestation dans l'ensemble des restaurants. Pour les trois restaurants de luxe (Queen's, Princess Grill et Britania) horaire libre et table de deux possible. Deux services au Caronia.

Électricité : Équipement en 110/115 V et 220 V pour les rasoirs électriques.

Espace fumeurs : Tous les lieux publics (intérieurs) sont interdits aux fumeurs. Seul, le Queen's Grill est partitionné en deux zones.

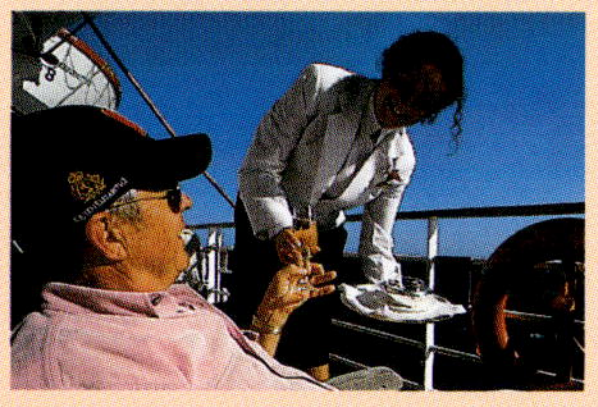

Tenue vestimentaire : C'est certainement le navire où toutes les élégances sont autorisées. Pour les hommes prévoir deux smokings ou des gilets permettant de varier les tenues (5 soirées de gala !). Pour les femmes robes de soirées indispensables. La journée, tenue décontractée. Prévoir des tenues chaudes pour affronter les ponts extérieurs et un maillot de bain (piscine intérieure, jacuzzi…).

Blanchisserie : Payant pour le service en chambre. Laverie automatique à disposition et salle de repassage en libre service.

Soins médicaux : *QE2* dispose d'un véritable hôpital avec salle d'opération, cabines pour les malades, 4 médecins, 1 dentiste, 1 kinésithérapeute.

Téléphone et communication : Téléphone par satellites dans toutes les cabines (5 € par minute). Accès Internet à tout moment (une vingtaine de terminaux).

Enfants : La transatlantique pourra paraître bien longue pour des jeunes qui se retrouveront seuls parmi des couples de 25 à 70 ans

Langue(s) parlée(s) à bord : Équipage anglais, passagers en majorité anglophones, néanmoins, les journaux de bord sont en français, et le maître d'hôtel vous affectera à votre table un serveur français ou francophone.

Monnaie : dollar, carte bancaire.

Divers : Chenil.

Itinéraire : 20 transatlantiques sont effectués chaque année. *QE2* réalise également un tour du monde (possibilité de fractionner l'itinéraire).

Brochures et renseignements : France : Dans votre agence de voyage ou par téléphone : Cunard Line 01 45 75 80 80 Belgique +32.3.313.60.79 Site internet : www.cunard-france.com

Croisière 2

La croisière enchantée

De Cap Canaveral à Nassau,

à bord de DISNEY WONDER

À 2000 km au sud de New York, à proximité du célèbre parc d'attractions d'Orlando, la compagnie Disney a fait de la mer le prolongement merveilleux du monde imaginaire de ses personnages.

Disney Wonder ★★★★

1760 — ★★★★ — €€€€

Longueur 294 m
Largeur 32,25 m
Tirant d'eau 7,7 m
Tonnage 83388 t
Membres d'équipage 945
Construction Chantiers Ficantieri - italie
Pavillon Bahamas
Armateur Disney
Mise en service 14 juillet 1999
Ratio membre d'équipage/passager 0,54
Ratio tonnage/passager 47,38

Appréciation d'ensemble
Cette croisière, destinée en priorité aux enfants, surprendra et séduira également les parents par la qualité du navire et des prestations offertes. Ce voyage peu ordinaire plongera petits et grands dans une féerie sans cesse renouvelée et un enchantement de tous les sens.

À chaque pont, les enfants assaillent les personnages de Disney chargés de l'animation

Page de droite : « Disney Wonder » est positionné en tête de ligne à Cap Canaveral, proche du parc d'attractions d'Orlando

Pages précédentes, « Disney Wonder », tous feux allumés emmène ses passagers dans son univers imaginaire

Pages suivantes : « Disney Wonder » est l'un des rares navires où la décoration extérieure ait été aussi soignée

Oubliée l'atmosphère tissée de nostalgie de *Queen Elizabeth 2* que l'on a quitté à New York. Dans le port de Cap Canaveral, à deux heures à l'est d'Orlando, en Floride, *Disney Wonder* ne ressemble à aucun autre navire, avec sa coque noire, ses deux cheminées rouges inclinées et ses chaloupes jaune orangé. Voici Mickey devenu le capitaine de la plus ludique des croisières. Pour les enfants, la fascination est au rendez-vous. La taille du navire – 2700 passagers et membres d'équipage – et le savoir-faire Disney plongent immédiatement ses jeunes passagers dans un univers imaginaire plein d'animation, de surprises et de couleurs vives.

Car la magie est là, et même si la culture Disney peut parfois irriter les plus grands, l'omniprésence des personnages de dessins animés évite soigneusement d'être agressive pour les croisiéristes. Les décors sont somptueux et l'on acceptera volontiers les facéties d'une petite sirène plantée au milieu d'un atrium féerique.

Disney WONDER

Disney WONDER

Mais comment les enfants vivent-ils une croisière comme celle-ci ? Rien de plus naturel que de donner la parole aux principaux intéressés : Chloé, 10 ans, David, 12 ans et Célia, 14 ans.

« Enfin, le bateau était là, immense ! Il faisait deux fois la taille de tous les autres, il était gigantesque.

« Disney Wonder » à quai sur son île privée des Bahamas, à quelques mètres des plages et des activités nautiques

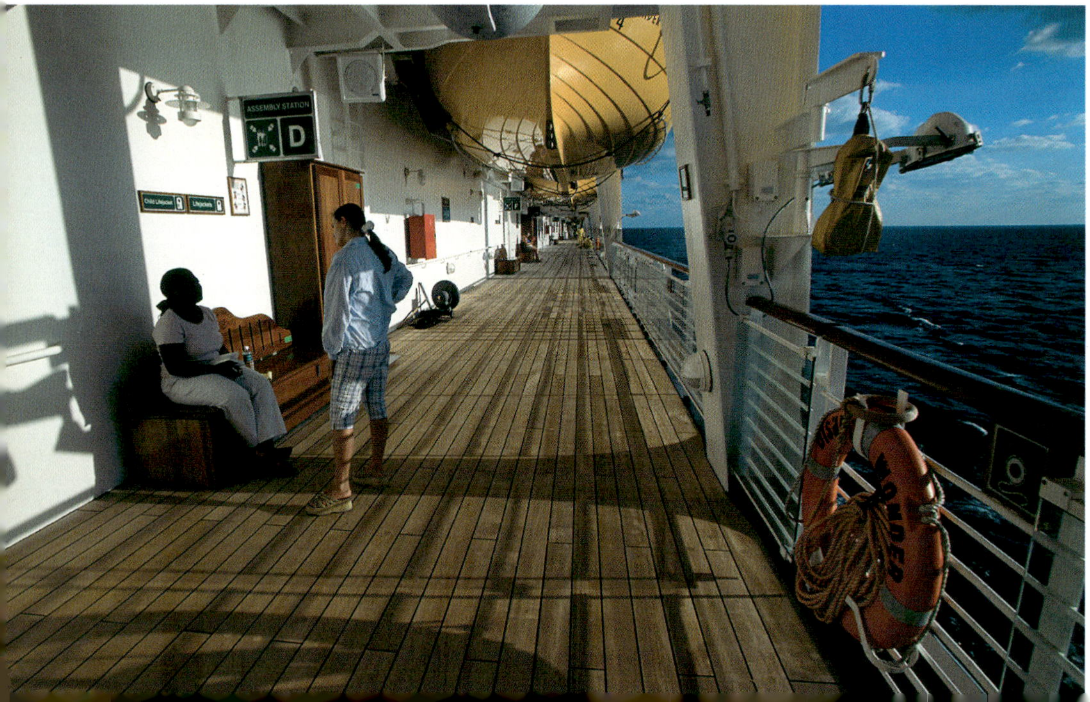

On aurait dit le *Titanic*, avec ses grands escaliers, ses ascenseurs transparents entourés d'or… quelle merveille !

Avec Chloé, nous avons décidé de visiter ce palace. David, lui, est allé faire du basket avec des jeunes de son âge, sur un vrai terrain aux vraies dimensions… c'est quand même inimaginable sur un navire ! Nous avons donc exploré ce dédale de ponts et de coursives. Il y avait trois piscines : une pour les enfants, avec un super-toboggan jaune qui descend de la cheminée. Une autre, réservée exclusivement aux adolescents avec de la musique très, très forte, et enfin une pour les adultes – évidemment plus tranquille. Les sirènes du navire se sont mises à hurler au-dessus de nos têtes. C'était le signal de départ de Port Canaveral. On ne s'est toutefois guère intéressées aux manœuvres, trop occupées que nous étions à danser autour de la piscine en compagnie de cen-

Larges coursives en teck, « Disney Wonder », n'est pas uniquement un navire pour les enfants

taines d'enfants qui criaient et levaient les bras au rythme de la musique enjouée d'un orchestre.
C'est à peine si nous avons remarqué le coucher de soleil sur le petit port de pêche que nous longions ; il était déjà 18 h 30. À l'intérieur, le grand spectacle de la soirée commençait. Dans une salle aussi vaste que le théâtre Marigny à Paris, où maman m'emmène de temps en temps, nous sommes restées éblouies par le spectacle de danse et les décors impressionnants de beauté. Seule ombre au tableau : tout est en anglais. Si tu ne comprends pas la langue (ce qui est mon cas), le plaisir est un peu diminué.
Comme nous étions toujours à l'heure française, nos yeux ont soudain commencé à se croiser dans tous les sens. On a donc décidé de ne pas manger au restaurant et de faire appel au *Room Service* pour prendre notre repas dans la chambre. En effet, on peut commander ce que l'on veut, à n'importe quelle heure, même à 3 heures du matin : des pizzas, des cookies, du jus d'orange… ce que l'on veut, tout est gratuit. On a installé une petite table sur le balcon. La nuit était profonde et noire, et la mer formait une longue écharpe blanche autour du Disney Wonder.
Après toutes ces merveilles, chacun s'est empressé de retrouver les bras de Cendrillon au pays des songes.

LE DISNEY WONDER, UN RÊVE POUR LES ENFANTS ET LES PARENTS

Trois piscines occupent les ponts extérieurs. L'une d'entre elles est uniquement réservée aux plus jeunes

À Castaway Cay, la compagnie Disney a aménagé l'île avec perfection. Même les fonds sous-marins sont ornementés d'épaves et de sirènes charmeuses

Une fois arrivés à Nassau, capitale des Bahamas, d'autres navires ont accosté tout près du nôtre. J'en ai remarqué un qui était tout vieux et tout petit. Nous, nous avions le plus gros et le plus beau, avec ses grandes cheminées rouges et ses oreilles de Mickey. J'étais fière.
Je n'aurais échangé ma place pour rien au monde.
Pour le petit-déjeuner, nous avons pris la direction de la terrasse extérieure à l'arrière. Chloé et moi nous sommes dépêchées de faire un sort à une quantité phénoménale d'ananas, de melons et de fraises.
Après ce petit déjeuner de reines, nous sommes parties, chacune de son côté, pour participer aux activités de notre âge. Chloé nous raconte ainsi sa journée : "Dès mon arrivée au club des enfants, ils

Jusqu'à la figure de proue, chaque détail a été minutieusement décoré

David et moi, nous nous sommes retrouvés au club des ados pour faire du théâtre. C'était une bonne idée même si nous nous heurtions toujours au problème de la langue. On réussissait malgré tout à comprendre quelques mots. Ensuite, séance de ping-pong au bord de la piscine avec les Bahamas en toile de fond ! Si ce n'est pas le rêve ! Et un distributeur de glaces italiennes à volonté ! Franchement, qui voudrait s'en priver ?
Le soir, on est allés au restaurant Le Triton. Le plafond est d'un beau bleu lumineux. Il y avait des escargots au menu et Chloé a pris deux entrées tant elle était affamée. Ensuite, nous nous sommes promenés sur le pont 9. Un énorme buffet trônait, avec des gâteaux à profusion, mais nous n'en pouvions plus. Une chanteuse de rock a donné un concert. On a dansé jusqu'à l'arrivée de Mickey sur la scène. Il était déjà minuit.

SUR L'ÎLE PRIVÉE DE DISNEY, MER, SABLE BLANC ET BARBECUE GÉANT

Et nous voici parvenus à Castaway Cay, l'île privée de Disney. Une île entière, avec des cocotiers, la mer et du sable blanc comme à la dune du Pyla, et une débauche d'activités uniquement pour nous. Sur l'île, tout a été décoré, les petites maisons, les restaurants, les boutiques. On dirait un vrai décor de cinéma. Le ciel est bleu comme la mer : une félicité sans nuage nous envahit. Mieux que dans les romans.

Chaque soir des spectacles féeriques où effets d'eau et de feu charment grands et petits

m'ont donné un bracelet où il y avait mon nom. C'était pour mieux me faire connaître et me retrouver si je me perdais. On a appris à dessiner Mickey et Donald et puis plus tard nous avons joué au pendu. Une petite fille est venue me voir en me demandant si j'étais française. C'était une Canadienne de Montréal et elle parlait aussi bien le français que l'anglais. Après, nous sommes allées déjeuner. C'était délicieux et les serveuses étaient très gentilles avec nous. Durant l'après-midi, j'ai joué sur Internet."

À chaque dîner, les passagers se retrouvent dans un restaurant différent, en conservant toutefois le même personnel de salle

Décors des années 30 ou contemporain, l'illusion Disney fonctionne toujours

En plein mois de novembre, nous sommes tous en maillot de bain et vite rouge écrevisse. Chloé est partie rejoindre ceux de son âge et voici ce qu'elle nous a raconté le soir. "Il y avait plein de jeux super sur l'île. Nous avons joué avec les instituteurs dans le sable où il fallait retrouver des os de baleines géantes. Ensuite on a mangé dehors où était organisé un barbecue géant. C'était très bon, il y avait du maïs en entier et des *ribs* et toujours des *cookies* au chocolat que j'adore. Après, on a fait une bataille d'eau. On a joué au volley-ball, on s'est amusés comme des petits fous à gonfler des balles en mousse avant de faire du pédalo dans la mer. C'était plutôt cool. Pour résumer la journée, c'était : ça bouge, ça mouille, ça splashe !"

Au club des ados, on a également fait du volley-ball au soleil ; je vous raconte pas le boulot d'artiste que ça donne pour le bronzage. David a joué avec James, Tommy, Niles et d'autres au foot américain. Un peu trop violent à mon goût.

Dans la mer, où l'on a pied partout, on a fait une partie de water-polo. À un moment, une grande raie est passée tout près de nous, j'ai crié et je suis sortie aussitôt, mais il n'y avait en fait aucun danger. Puis, équipés de masque et de tuba, on a plongé sous l'eau (à 28 °C !) pour trouver les indices d'un trésor. Au milieu du lagon, on a nagé autour du véritable sous-marin de *Vingt Mille Lieues sous les mers*. J'étais sûre qu'on allait voir la pieuvre géante du capitaine Nemo, mais non. L'eau grouillait de poissons, des vrais, de toutes les couleurs… une merveille. À trois heures et demie, il a fallu regagner la plage. On serait bien restés quelques heures

de plus, surtout que le lendemain nous devions passer la journée en mer, la dernière du rêve.
Le soir, Chloé s'est déguisée en sorcière, car c'était Halloween. Je l'ai maquillée, c'était très réussi. Elle faisait peur à tout le monde. Les couloirs étaient remplis d'enfants déguisés, certains parents s'étaient grimés pour l'occasion.
Au théâtre, on donnait le spectacle *Hercules*. Sur la scène, il y avait pléthore d'effets spéciaux avec des flammes et à la fin un vrai feu d'artifice. Oui, dans la salle. Il faut le voir pour le croire.
Le spectacle s'est poursuivi dans un nouveau restaurant, l'Animator's Palace, où nous n'étions pas encore allés. Csaba et Stéphanie, nos deux serveurs attitrés, étaient également là. En effet, ils nous accompagnent chaque soir dans le restaurant où nous nous rendons. Outre leur gentillesse, ils parlent français. Pendant que nous mangions, le décor des murs et les lumières n'ont cessé de changer au gré des animations. À la fin du repas, Minnie est apparue et tous les enfants se sont levés pour l'accueillir et l'embrasser.
Dans la cabine, Brenden notre steward, avait préparé nos lits. La journée, seul le grand lit double de nos parents restait en place. Celui de David se transformait en canapé et celui de Chloé et moi, disparaissait dans le mur. Il y avait deux salles de bains, une dans les toilettes et une autre dans la douche. On disposait de notre propre balcon. Pour cette dernière nuit, on décida de dormir la fenêtre ouverte. C'était génial, on entendait les vagues clapoter contre la coque et je pouvais voir de mon lit tout le ciel étoilé. Au spectacle, nous avions vu une petite fille qui se réveillait en pleine nuit et sa chambre s'était transformée. Peter Pan était venu la voir et l'emmenait partout où elle souhaitait aller. Je me dis qu'une telle histoire pourrait bien m'arriver à moi aussi…
Le lendemain matin, c'est le soleil qui m'a réveillée. Il pointait à l'horizon, exactement dans ma direction. Je n'avais pas envie de sortir de mon lit. La mer défilait et le ciel changeait de couleur en permanence. Pourtant, c'était la dernière journée et il fallait que j'en profite pleinement. Ce matin-là, on a pris le petit-déjeuner dans la cabine. C'est David qui a appelé le *Room Service* : "Aviou tri braquefirst und tri jusse of orange ?" On a tous éclaté de rire, on en pleurait. À notre grande surprise, le steward est arrivé un quart d'heure plus tard avec nos trois *breakfasts* et nos trois *orange juices*. Ce jour-là, on a évidemment découvert de nouveaux endroits, noué des relations avec des types super sympas. C'est toujours la même chose, c'est à ce moment-là que tu les rencontres. Pour le dernier soir, on avait une autorisation spéciale pour aller en boîte. On s'est vraiment éclatés. Quant aux parents, ils mangeaient dans un restaurant très select, le Palo, où nous n'étions pas admis. Mais nous n'en avions aucun regret.

Nassau, capitale des Bahamas, est devenu un immense centre commercial pour navires de croisière. Le centre a conservé toutefois quelques belles bâtisses

À Paris, il faisait 4 °C. Il pleuvait. Nous, nous étions encore allongés sur nos plages de sable blanc, en maillot de bain, en train de nous éclabousser d'eau, environnés d'une ribambelle de personnages de Disney. Il m'a fallu une semaine pour revenir à une réalité plus froide et plus studieuse. Mais dès que j'ai un petit coup de spleen, il me suffit de repenser à ces journées et immédiatement le moral repart au beau fixe. »

Conseils pratiques avant d'embarquer

Cabines : Les 875 cabines sont destinées pour la plupart aux familles. Elles peuvent accueillir parents et enfants. Un rideau sépare l'espace des parents. Pour les plus grandes, deux salles de bains et pour l'ensemble coffre-fort, sèche-cheveux, mini-bars, télévision…

Restauration : On sera surpris par la qualité de la restauration. Quoi qu'il en soit, les enfants en raffolent. Les cadres des quatre restaurants sont toujours étonnants (l'un d'entre eux avec option). Chaque jour, on changera de restaurant tout en conservant les personnes qui sont attachées à son service.

Électricité : Alimentation unique en 110 V, norme américaine.

Espace fumeurs : Bateau non fumeur à l'exception de quelques espaces dans certains salons, sur les espaces extérieurs et les balcons privés.

Tenue vestimentaire : Très décontractée dans l'ensemble des restaurants. Aux *Lumières'*, *Triton's* et *Palo*, la veste pour les hommes est recommandée. Pour les croisières de 7 jours deux soirées habillées.

Blanchisserie : Laveries automatiques à pièces (disponibles sur trois ponts). Service payant en cabine (enlèvement avant 8 h 30 pour le soir même et service express disponible).

Soins médicaux : Service assuré 24 h/24 par un médecin et une infirmière.

Téléphone et communication : Par satellite. Internet café permettant d'envoyer des vidéo-mails.

Enfants : Cette croisière est la leur, bien évidemment, mais rien n'a été oublié pour que les parents puissent également profiter de leur séjour – piscine, plage, restaurant, bar leur sont réservés. Service de garde, lien électronique (enfants et parents sont munis de pager pour communiquer à tout moment) : la prise en charge est complète.

Langue(s) parlée(s) à bord : On ne s'étonnera pas de trouver à bord une majorité d'anglophones. Pour les enfants, au tout début, la langue posera quelques problèmes (spectacles, activités), tout comme elle en pose à terre dans les parcs d'attractions. Néanmoins, on trouve toujours des animateurs, des serveurs (affectés en priorité), des hôtesses qui maîtrisent parfaitement le français.

Monnaie : Dollar ou *Cash-free system* par empreinte de carte bancaire.

Divers : Baby-sitting (11 $/heure), possibilité de repas faible en sodium, kasher, végétarien et sous 24 h, régimes spécifiques.

Itinéraire : Deux itinéraires sont proposés toute l'année au départ de Cap Canaveral, l'un de quatre jours – Nassau-Bahamas/Castaway Cay (île privée) – et l'autre de sept

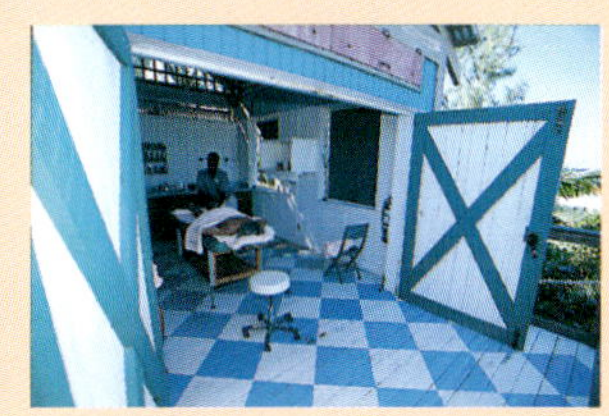

jours – jusqu'à Saint-Martin et Saint Thomas.

Brochures et renseignements : Dans votre agence de voyages, brochure « Un océan de croisières » ou par téléphone, Compagnie internationale de croisières, tél. : 01 45 75 80 80. Site Internet : cruisephere.com, www.disneycruise.com

Croisière 3

Dans le sillage de Cortès

De Fort Lauderdale à Cozumel,

à bord de SEVEN SEAS MARINER

Sites mayas encore imprégnés de l'histoire d'une civilisation en tout point unique par sa violente beauté, plages immaculées ourlées de lagons à la surprenante faune aquatique, charme suranné de Key West, fêtes et exotisme : voilà réunis tous les ingrédients pour une croisière d'exception.
Seven Seas Mariner, *navire battant pavillon français, nous entraîne dans le sillage du conquistador espagnol Cortés.*

Seven Seas Mariner
★★★★★

700 — ★★★★★+ — €€€€€

Longueur 216 m
Largeur 28,8 m
Tirant d'eau 7 m
Tonnage 50000 t
Membres d'équipage 445
Construction Chantiers de l'Atlantique
Pavillon Français
Armateur Radisson
Mise en service mars 2001
Ratio membre d'équipage/passager 0,63
Ratio tonnage/passager 71,43

Appréciation d'ensemble
Le tout inclus (pourboires, vins et alcool), la qualité gastronomique, la perfection du service et le choix des itinéraires autour de la planète font de *Seven Seas Mariner* l'une des plus belles prestations actuellement sur les mers.

En haut : Avec les nouveaux systèmes de propulsion sans vibrations, les plus belles suites disposent de larges balcons à la poupe du navire

Page de droite : Un pont dénudé et sobre à l'image d'un navire élégant aux très hautes prestations

Pages précédente et suivantes : Key West, l'escale parfaite. Le quai des croisières situé en plein centre-ville permet un accès, à pied ou en voiturette électrique, au centre historique

Depuis son inauguration en mars 2001 aux Chantiers de l'Atlantique, à Saint-Nazaire, *Seven Seas Mariner* a parcouru bien des mers et des océans. Des eaux bleu métallique de l'Alaska aux eaux turquoise de Floride, la compagnie Radisson a conçu des itinéraires exceptionnels pour l'un des plus beaux navires du monde.
Terrasse, salon, dressing-room indépendant, chambre et salle de bains en marbre : une croisière à bord de *Seven Seas Mariner* prend une tout autre dimension ici, où l'espace, bien si précieux à bord d'un navire, ne semble plus être limité, ni, si l'on peut dire, chipoté.
Si la compagnie Radisson peut s'enorgueillir de posséder l'un des seuls bâtiments à offrir un rapport jamais atteint entre la surface des espaces communs

et le nombre de passagers, le croisiériste appréciera quant à lui le sentiment d'être l'hôte privilégié d'un voyage où il semble être seul à bord et l'unique objet de toutes les attentions.

À l'extrême pointe méridionale des États-Unis, la plus européenne des villes américaines, Key West, a su conserver son héritage historique

UN NAVIRE « VERT » ET « HIGH TECH »

Car *Seven Seas Mariner* n'est pas seulement un havre de bien-être, c'est également et d'abord le dernier cri en matière technologique et environnementale. La propulsion du navire est assurée par deux unités Azipod Mermaid. « Depuis la livraison du navire, nous n'avons jamais fait appel aux remorqueurs, les systèmes Azipod nous permettent d'effectuer des accostages avec une incroyable précision », raconte, réjoui, le commandant Guillou. Il n'est pas le seul à se réjouir. Dans les étroits fjords d'Alaska, *Seven Seas Mariner* peut effectuer un tour sur lui-même pour le seul plaisir de ses passagers afin qu'ils aient tout loisir d'admirer depuis leurs cabines le plus beau des panoramas au monde. Autre avantage considérable des hélices Azipod : l'absence de vibration. Autrefois, les hélices étaient reliées aux moteurs par d'immenses lignes d'arbre, ce qui provoquait les vibrations et ronronnements qui ont tantôt bercé, tantôt agacé les croisiéristes d'une époque. « J'ai testé toutes les suites « horizon » situées à la proue du navire, juste au-dessus des Azipod. C'est incroyable, on ne ressent pas le moindre tremblement », renchérit Christian Sauleau, qui a été pour Radisson le grand chef d'orchestre lors de la construction du navire. « Le choix de ce type de propulsion s'est imposé pour Radisson. Nous voulions ce qu'il y avait de mieux à tous les niveaux », confirme Marc Conroy, le directeur général de la compagnie. Ce qu'il y a de mieux ou le meilleur, comme nous allons le voir.

UNE ATMOSPHÈRE DISTINGUÉE

« Cette simplicité qui est un raffinement » : l'expression, de la plume de Flaubert, convient parfaitement aux décors du *Seven Seas Mariner*. Après le rutilant paradis flottant pour enfants de *Disney Wonder*, l'œil se repose enfin. Ici, pas d'effet tape-à-l'œil, chaque détail a été traité dans de beaux matériaux qui confèrent à l'ensemble un style sobre d'une distinction discrète mais assurée. Les salons, fumoir, bars se succèdent, chacun marqué d'une touche intimiste et délicate qui invite le voyageur à prendre place dans les fauteuils en cuir beige pour contempler le paysage à la beauté toujours renouvelée. Devant les grandes baies vitrées, Fort Lauderdale, l'autre grand port de croisière, à une cinquantaine de kilomètres au nord de Miami, s'éloigne lentement. La côte illuminée de Floride semble figurer à tribord un chenal géant menant au golfe du Mexique.

Les plages de Miami Beach annoncent le début d'une longue navigation le long de la Floride

UN RESTAURANT DIFFÉRENT CHAQUE SOIR

Il est rare que les belles croisières ne riment pas avec gastronomie. Mais à bord de *Seven Seas Mariner*, on atteint un niveau proche de la perfection. On a en effet le choix entre pas moins de cinq restaurants chaque soir. « Au restaurant Latitude, nous avons voulu une cuisine empreinte des différentes cultures culinaires », annonce Frederik Gustafsson, le directeur d'hôtel, en commentant la carte. Dans

DEVENIR UN CORDON-BLEU À BORD DE SEVEN SEAS MARINER

Chaque année, une dizaine de croisières proposent des stages d'initiation aux secrets et techniques culinaires des plus grands chefs. Encadrés par des chefs français du Cordon-Bleu, seize élèves apprennent à réaliser les recettes des plats servis au restaurant Signature. Au terme du voyage, les apprentis cuisiniers se voient remettre un tablier, une toque ainsi qu'un guide de cuisine, sait-on jamais…
Inscription au stage uniquement à la réservation de la croisière (nombre de places limité à 32 – 2 groupes de 16). Compter environ 350 € par personne.

Cuisine distinguée et raffinée pour l'une des meilleures tables maritimes

un décor feutré, les tables de 2, 4 ou 6 sont attribuées par Rémy Chartois, le maître d'hôtel, en fonction de son plan de réservation. Ici, comme dans l'ensemble du navire, pas d'horaires précis pour dîner. Vous choisissez votre restaurant en fonction de votre humeur, comme vous le feriez en ville, à l'heure de votre choix.
Ainsi, le Compass Rose Restaurant propose ce soir du homard ou un filet de bœuf. Au Signature, situé au pont 6, on dégustera de la terrine de foie gras de canard aux figues et du magret de canard fumé, ou des ravioles d'escargots aux fines herbes et beurre anisé, ou encore un tournedos Rossini sauce madère. Dans l'ensemble de ces restaurants, les sommeliers français, proposent, à discrétion, une sélection de vins, tels un pouilly-fuissé ou un beaune premier cru.

CAVIAR À KEY WEST

Si l'on préfère une certaine intimité, il est toujours possible de se replier sur sa suite. Compte tenu de la taille (au minimum 30 m^2) de celle-ci et du balcon, le service de chambre (disponible 24 heures sur 24) permet de dîner de façon inoubliable en tête à tête avec la mer et les étoiles. On vous proposera le même menu que celui du restaurant Compass Rose. Et si jamais il vous prend l'envie capricieuse, en arrivant au petit matin à Key West, de vous faire servir du caviar sur votre terrasse privée, vos désirs seront immédiatement exaucés !
Key West, à l'extrême pointe méridionale des États-Unis, ressemble à un décor de studio de cinéma. Toutes les maisons de bois ont conservé leurs façades colorées. *Seven Seas Mariner* est accosté en plein centre-ville. À deux pas, la célèbre maison d'Ernest Hemingway. Tout à côté se trouve celle du peintre naturaliste du XIXe siècle Audubon, Américain d'origine française. Key West est une escale idéale ; elle offre la proximité de la vieille ville, le charme et le dépaysement.
À présent, *Seven Seas Mariner* navigue dans l'immense golfe du Mexique, où jadis, au XVIIe siècle, les flibustiers français et les corsaires anglais traquaient les galions espagnols aux si précieuses cargaisons. Mais, pour l'heure, c'est à la poursuite des temples mayas que vont s'élancer les passagers débarquant à Porto Progresso sur un quai désolé, loin de tout.
Distante de 80 km du point de débarquement, l'ancienne cité maya de Chizén Itzá (« La Bouche du Puits des Sorciers de l'eau ») apparaît majes-

Face à Playa Del Carmen au Mexique, « Seven Seas Mariner » classé bateau vert ne laissera aucune trace dans les eaux turquoise du Mexique

Magistral, le Castillo de Chitzen Itza domine un immense site où les sacrifices humains symbolisaient l'avènement des dieux

tueuse, fidèle à nos rêves d'enfant. La fascination est immédiate tant en impose cette ville mystérieuse, capitale de guerriers et de stratèges qui régna pendant deux cents ans sur le Yucatán. Mais il n'est pas nécessaire d'être féru d'histoire pour se laisser envoûter par le Castillo, cette pyramide à étages plantée au centre d'une immense esplanade, ou par le Cenote de Los Sacrificios, un puits profond et sacré où étaient précipitées en sacrifice les victimes choisies, principalement des femmes. Plus loin, on reste captivé par un jeu de balle maya, le pok-a-tok, ancêtre de notre pelote basque, où les perdants rejoignaient les esprits par décapitation. Les plus téméraires, et surtout ceux qui ne sont pas sujets au vertige, escaladeront les 91 marches magistrales de la Grande Pyramide, symbolisant les 365 jours de l'année solaire.

Un remorqueur couleur de minium escorte maintenant *Seven Seas Mariner,* qui s'avance à petite allure dans un chenal peu profond. Sur la carte, qui s'affiche sur les écrans de contrôle, la prochaine escale, Cozumel, semble toute proche. Il faudra cependant quatorze heures pour la rejoindre. Peu importe, la nuit tombe rapidement et lorsque le jour se lèvera, l'Isla de Cozumel aura pris place devant les sabords et baies des cabines. Personne d'ailleurs ne s'en soucie, on s'affaire aux préparatifs de la soirée : cocktail du commandant, dîner de gala et peut-être un buffet de minuit…

TULUM, LA CITÉ DE L'AUBE

Après Chizén Itzá, Tulum, la cité de l'Aube, autre site maya situé sur le continent, apparaît, à première vue, moins spectaculaire. Le Castillo est moins imposant et pourtant sa situation est tout aussi intéressante. La cité fortifiée domine une falaise escarpée. À ses pieds, la mer des Caraïbes vient

Décors fascinants et effroyables des sites incas

Avec seulement 700 passagers, le navire de 216 mètres offre une superficie par passager exceptionnelle

répandre ses eaux turquoise sur une petite plage blanche enchâssée d'une végétation d'un vert profond. Comment résister à l'envie de plonger dans ce bleu surnaturel ?
Les commentaires vont bon train ce soir parmi les passagers dont les visages arborent toutes les nuances d'une palette de rouge, du rose pâle au rouge écarlate en passant par le brique et l'auburn. Tous n'ont pas visité Tulum ; l'excursion en 4x4 sur les plages désertes de Cozumel l'a presque emporté sur la baignade avec les dauphins, dont l'évocation suscite tant de questions et de commentaires ; mais chacun est déjà impatient de découvrir la prochaine escale. Car cette fois il y a unanimité : demain, baignade avec les raies à Stingray City, à Grand Cayman.

DANSE AVEC LES RAIES PASTENAGUES

Il pleut à verse, de grosses gouttes qui s'écrasent uniformément sur un paysage plat et monotone, assombri par de lourds nuages gris. Pour peu, en débarquant à George Town, la capitale de Grand Cayman, on jurerait se trouver à Londres : voitures qui roulent à gauche, bijouteries, banques et processions de parapluies… Mais ce qui fait briller les yeux de nos croisiéristes, ce ne sont pas les rubis et émeraudes, mais l'incroyable ballet qui se déroule maintenant tout près d'eux. Après avoir emprunté une petite embarcation dans un vaste lagon aux eaux peu profondes, tout le monde s'est jeté à la mer avec impatience, voire avec une certaine inconscience. Lorsque les raies, dociles, certaines d'une envergure de 1 m, habituées au manège, ont commencé leur numéro de séduction en virevoltant entre les jambes des spectateurs, l'ambiance a tourné aux éclats de rires mais aussi aux sourires crispés. Très vite, cependant, c'est la fascination qui gagne tout le monde ; chacun semble être retombé en enfance et s'émerveiller comme s'il découvrait pour la première fois un chaton !

L'atrium, aux formes gracieuses, s'ouvre au centre du navire, traversant les 12 ponts dans une harmonie parfaite

La pluie a enfin cessé. *Seven Seas Mariner* est au mouillage, émergeant à peine entre la mer et le ciel aux mêmes couleurs pâles et laiteuses. Et l'on songe à ces mots du si caustique romancier anglais Evelyn Waugh : « En vérité, ce qui me parut le plus remarquable dans cette façon de voyager [la croisière], c'est le confort et l'oisiveté. [1] »

1. *Bagages enregistrés* (1930).

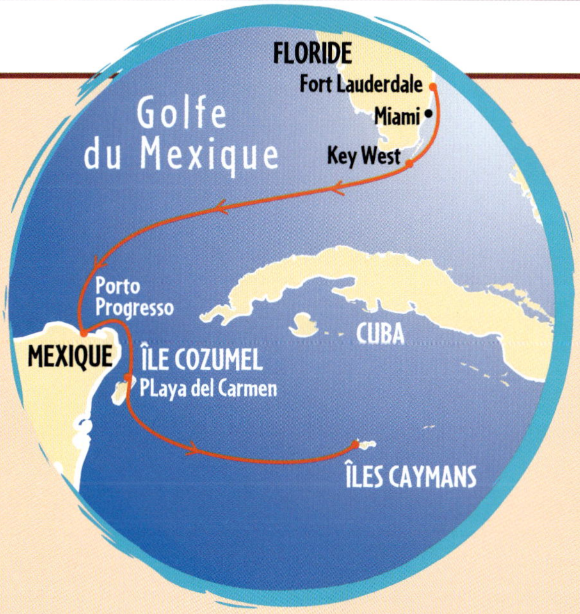

Conseils pratiques avant d'embarquer

Cabines : Uniquement des suites, toutes donnant sur la mer, et toutes dotées d'un balcon. De 30 m² pour les plus petites jusqu'à 160 m² pour la Master Suite. Pour les plus grandes suites, service d'un *butler* (majordome).

Restauration : Gastronomie de très haute qualité dans les quatre restaurants et au grill à l'extérieur. Deux restaurants de « prestige » (sur réservation) : le Latitudes Restaurant pour une cuisine cosmopolite et le Signature pour une cuisine française supervisée par le célèbre Cordon Bleu.

Électricité : 110 V (US) et 220 V (Europe). Adaptateurs à disposition.

Espace fumeurs : Connoisseur Club aux fauteuils en cuir capitonné. Cigare, cognac et liqueurs à disposition.

Tenue vestimentaire : Décontractée la journée, habillée (suivant les indications dans le journal de bord) le soir.

Le smoking pourra se substituer à un costume-cravate.

Blanchisserie : Service à bord payant. Buanderie en libre-service sans frais.

Soins médicaux : Médecin, infirmière 24 h/24.

Téléphone et communication : Par satellite. Salle Club. com à disposition pour émettre et recevoir des mails et surfer sur la « toile ».

Enfants : Suivant les destinations et les périodes (vacances aux Etats-Unis) programmes spéciaux pour les enfants.

Langue(s) parlée(s) à bord : Anglais. Journaux de bord en français, nombreux membres du personnel parlant le français.

Monnaie : Système de non-circulation d'argent à bord. Paiement avec la carte personnelle du bord.

Divers : Spa dirigé par Judith Jackson, casino.

Itinéraire : 4 navires composent la flotte Radisson : *Radisson Diamond*, un catamaran de 128 mètres et 350 passagers, *Seven Seas Navigator*, 170 mètres et 450 passagers, le *Seven Seas Mariner* présenté ici et le tout nouveau *Seven Seas Voyager*, fleuron de la compagnie avec 204 mètres et

700 passagers. Tous les navires effectuent des programmes itinérants autours du monde avec pour certains des programmes complets de tour du monde

Brochures et renseignements : Chez votre agence de voyages, dans les brochures Kuoni ou directement auprès de l'armateur : Radisson Seven Seas France :
19 rue de l'Amiral-d'Estaing
75016 Paris
Tél. : 01 53 57 35 60
Site Internet : www.rssc.com

Croisière 4

Toutes voiles dehors

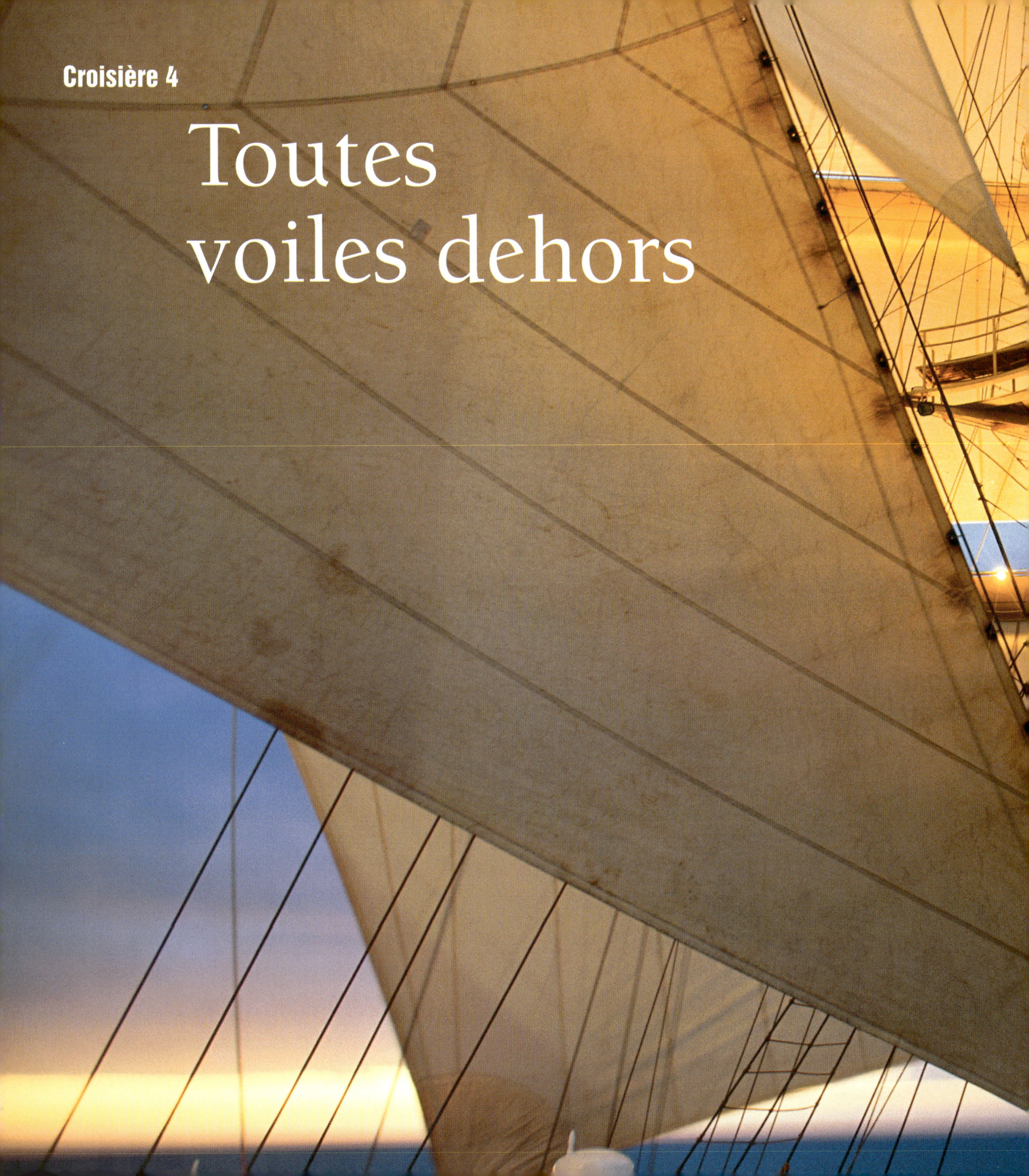

De Fort-de-France à Grenade,

à bord de ROYAL CLIPPER

Trait d'union entre les deux Amériques, les Grenadines accueillent le plus racé de tous les voiliers jamais construits. Poussé par les alizés, le fameux cinq-mâts carré laisse filer son étroite carène dans les mers chaudes, effleurant quelques-unes des plus belles îles du sud des Caraïbes.

Royal Clipper ★★★+

228 | ★★★ | €€€

Longueur 134 m
Largeur 16 m
Tirant d'eau 5,60 m
Tonnage 5060 t
Membres d'équipage 106
Construction 1999
Pavillon Luxembourg
Armateur Star Clippers
Mise en service juillet 2000
Ratio membre d'équipage/passager 0,46
Ratio tonnage/passager 22,2
Surface de voile 5000 m²
Hauteur des mâts 54 m

Appréciation d'ensemble
Parfait représentant de la belle époque de la navigation à voile, *Royal Clipper* séduira aussi bien les amoureux de la voile au style décontracté que les adeptes des croisières élégantes et luxueuses.

En haut : Le mât de beaupré permet aux croisiéristes d'accéder à de larges filets suspendus au-dessus des flots même pendant la navigation

Page de droite : Malgré un automatisme élaboré, les marins sont toujours présents dans la mâture lors des manœuvres

Pages précédentes : Les alizés qui soufflent d'Est en Ouest poussent « Royal Clipper » à plus de 12 nœuds sans aucune assistance des moteurs

Pages suivantes : Devant Gros Piton à Sainte-Lucie, « Royal Clipper » déferle ses 48 voiles pour une semaine de navigation aux Grenadines

« Attendez qu'il mette les voiles et vous allez voir le tableau », lance Stephan Virginie-Theresa, le pilote venu assister le commandant Jürgen dans la manœuvre de *Royal Clipper*.
« C'est le retour de la belle plaisance à voile », ajoute-t-il en contemplant la mâture où les 48 voiles se déferlent une à une. Une légère gîte, imperceptible, cale alors les 133 m de l'immense voilier. Les voiles sont montées à même les baumes sur des enrouleurs et actionnées par des pompes hydrauliques. Une simple action de la commande d'un des tableaux de bord, et les toiles de Nylon se déploient. Sur le pont, les seize marins s'affairent néanmoins à border les écoutes. Pour les cinq mâts, la manœuvre ne demandera guère plus de vingt minutes. Pour le *Preussen*, le dernier grand cinq-

STAR CLIPPERS

5000 m² de voilure : la puissance des vents suffit à mettre les 5000 tonnes de « Royal Clipper » en route

Végétation endémique, les Grenadines offrent une évasion tropicale au cœur de l'hiver

mâts lancé au tout début du siècle dernier et dont notre voilier s'inspire, il fallait plus d'une heure et demie et elle employait plus de quarante-sept gabiers aguerris. *Royal Clipper* n'en demeure pas moins un authentique voilier.

TOUS LES GRANDS VOILIERS RAPIDES SONT DES CLIPPERS

Pour quitter Fort-de-France, le vent d'ouest pousse idéalement. Une légère assistance du propulseur d'étrave pour se dégager du quai, et la force du vent, permet aux 5000 tonnes du navire de se mouvoir avec grâce et agilité. « C'est sa vitesse qui lui donne son nom de clipper, et non sa forme », nous apprend le commandant Jürgen en fixant de ses yeux attentifs trois marins en maillot rayé en train d'escalader à plus de 50 m de hauteur le mât de misaine. Certes, *Royal Clipper* à été inauguré en juin 2000, mais il représente à lui seul tout l'héritage fastueux des trois, quatre, cinq-mâts de jadis. Et lorsque ses cinq mâts carrés se profilent au large des côtes, toutes voiles dehors, tous les superlatifs viennent aux lèvres et un émerveillement irrépressible envahit les spectateurs.

ROYAL CLIPPER, LA RÉALISATION D'UN RÊVE D'ENFANT

« J'ai réalisé un rêve d'enfant », confie Michael Kraft, le propriétaire-armateur de la compagnie Star Clippers. Installé dans ses bureaux monégasques, il a les yeux bleus qui s'illuminent aussitôt qu'il engage la discussion sur *Royal Clipper*. « J'ai voulu que chaque passager puisse partager une expérience unique comme celle que l'on peut vivre à bord d'un yacht privé. » Le rêve est aujourd'hui partagé par ces deux cents passagers, qui, allongés sur le pont en teck, encombré de mille cordages, poulies et haubans, assistent inlassablement au ballet extraordinaire des toiles écrues qui balayent l'horizon. Qu'importe la prochaine destination, le privilège est d'être là, sur *Royal Clipper*, que portent les doux alizés.

Les vents seront généreux cette nuit-là, la mer s'est arrondie et la carène plonge dans chacun des creux en épousant docilement le moindre mouvement. Le cinq-mâts file à plus de 12 nœuds sans aucune assistance des moteurs.

Au matin, la Barbade est en vue. Les maisonnettes aux couleurs vives se détachent sur fond de ciel bleu. « Nous sommes la Suisse des Caraïbes », ironise Henriette, la guide francophone, en pointant la propreté des rues et l'opulence apparente des magasins. La jet-set londonienne y a d'ailleurs établi ses quartiers d'hiver le long de la côte de Platine (elle tire ce nom de l'éclat du sable de ses plages). À 10 h 30, un vacarme inhabituel fait s'envoler les colibris des bougainvilliers. Le Concorde atterrit. À seulement trois heures et demie de Londres, on n'hésite pas à passer un week-end sous les tropiques. Dans le même temps, *Royal Clipper* n'aura quant à lui parcouru qu'une cinquantaine de kilomètres, la distance qui le sépare de Carriacou, une minuscule île mais une vraie annexe du paradis. Un parcours qu'il effectuera de la même manière qu'en 1492, lorsque Christophe Colomb découvrit les portes du Nouveau Monde.

À Béquia, les habitations enchâssées dans une végétation luxuriante dominent une plage de sable fin où « Royal Clipper » mouille à quelques encablures

L'Héliconia Caribean appartient à l'incroyable diversité florale à découvrir aux détours des chemins

DÉCOUVERTE DE LA FAUNE ET DE LA FLORE TROPICALES

La matinée de navigation offre aux passagers, confortablement installés dans les filets du mât de beaupré, un spectacle étonnant de grâce aérienne. Les poissons volants, affolés par l'impressionnante

LA NAISSANCE DES CLIPPERS

Ce sont les Anglais qui lancèrent les premiers clippers. Le terme « clipper » qualifiait alors les navires à voile assurant le fret et le transport, et dont la rapidité était l'une des caractéristiques. Au milieu du XIXe siècle, le commerce du thé vers la Grande-Bretagne enrichit les armateurs de l'East Indian Company (EIC). Empêchée par des lois protectionnistes, la concurrence étrangère resta à l'écart du marché des petites feuilles séchées auxquelles l'on prêtait, au royaume de Sa Majesté, les meilleures vertus curatives. À eux seuls, les Britanniques consomment plus du tiers de la production mondiale. A la fin du XIXe siècle, la loi est abrogée et les Américains se lancent immédiatement dans la compétition en construisant de nouveaux clippers plus rapides.
Les coques s'affinent et les architectes n'hésitent pas à surtoiler les immenses mâts. Les records de vitesse tombent. Des moyennes de 18 nœuds sont parfois enregistrées et les trois-mâts barques, les goélettes à trois mâts ou encore les trois-mâts carrés filent à pleine toile sur la route des Indes.
La suite de l'histoire, on la connaît. Les navires à vapeur entrent dans la danse et supplantent progressivement la marine à voile. Mais la course au progrès a épargné certains trésors. On rencontre encore quelques reliques de cette époque révolue. Transformés en navire-école (comme le *Belem*, photo ci-dessus) ou applaudis lors des manifestations de vieux gréements, ils continuent de fasciner le grand public.

masse du clipper, fuient leur milieu naturel en jaillissant hors de l'eau. Certains d'entre eux parcourent plus de 200 m à fleur d'eau.
À l'approche du littoral de Carriacou, la garde-robe de *Royal Clipper* se replie lentement et soigneusement. Les tenders et les zodiacs sont mis à l'eau pour une journée consacrée aux loisirs nautiques. À proximité, Sandy Island, un îlot constitué seulement d'une langue de sable et de quelques cocotiers qui se morfondent, permet l'exploration de ces fonds sous-marins où évolue une myriade de créatures étranges. Les derniers tenders s'échouent directement sur la plage pour embarquer quelques retardataires, avant de mettre le cap sur Grenade.
À bord du cinq-mâts, le spectacle est également sous la piscine du pont. Son fond transparent, tel le gros verre d'une lentille de phare, diffuse une lumière vaporeuse et bleuâtre dans la salle à manger, trois ponts au-dessous. « On n'imagine pas que l'intérieur puisse avoir de telles dimensions », s'étonne Anne, une jeune Belge en voyage de noces. Bois foncé, cuivres, hublots, fauteuils Chesterfield, sont les lignes de force de cette harmonie marine. Puis le commandant présente son équipage et effectue des recommandations particulières aux dix-huit enfants présents qui ont la tête pleine d'images de la chasse au trésor du capitaine Crochet. Céleste, un perroquet au plumage rouge et vert, perché sur sa cage, ne manque, lui, aucun mot des instructions.

Avec son faible tirant d'eau, « Royal Clipper » peut escaler à toute proximité des côtes les moins fréquentées

C'EST UN JARDIN EXTRAORDINAIRE

Grenade aurait pu être le jardin extraordinaire de Charles Trenet. Tout y pousse. L'île des épices a des effluves de noix de muscade, de clou de girofle et de cacao. Au centre de l'île, la végétation exubérante de la forêt humide exhale une senteur de mycélium. Grenade, c'est la Corse des Caraïbes, tout en escarpements et verdure, une île sauvage et protégée, superbe et préservée.
À l'escale suivante, un gros grain assombrit l'horizon de l'archipel des Tobago Cays. Mais ici, quand il vient à pleuvoir, on dit que les rayons de soleil sont liquides. L'air se charge alors d'arômes sucrés. La plate-forme arrière de *Royal Clipper* se déploie. Les planches à voile, les lasers, le matériel de plongée et de ski nautique sont chargés dans les zodiacs de l'équipe des sports pour une nouvelle journée aquatique. Sur le pont, Sue, une jeune Thaïlandaise, dispense quelques soins de réflexologie. Les milliers de palmiers et les plages de sable fin resteront enchâssés sous un ciel plombé. *Royal Clipper* quitte les îlots. Deux tenders et leurs passagers sont restés en

Saveurs incomparables, populations gaies et avenantes, les Grenadines méritent une croisière d'île en île

La Soufrière à Sainte-Lucie : « Royal Clipper » accoste à quelques mètres d'une petite ville pittoresque, accrochée au pied du volcan

mer. Pour effectuer des prises de vues en navigation, toutes voiles déployées, le commandant a proposé le départ auguste du navire vu de la mer. Une fenêtre s'ouvre dans le ciel, et les gloires viennent ajouter au spectacle. Les appareils photo n'en finissent pas de crépiter dans l'air encore lourd et humide. La belle croisière poursuit sa route à la recherche de nouvelles épices et de parfums inconnus.

Au soir, un *steel-band* installe ses fûts métalliques sur le pont. En général, l'animation est assurée par l'équipage. Steve, le second chef mécanicien, laisse tomber son bleu de chauffe pour interpréter Frank Sinatra, Alton, le barman boute-en-train, séduit l'assemblée en chantant Bob Marley et les cuisiniers philippins se lancent à corps perdu dans toutes sortes de danses et d'acrobaties. L'ambiance est bon enfant. Il n'y a en effet jamais de soirée guindée sur *Royal Clipper*. On laisse cravate et smoking à terre. Saint-Vincent surgit à l'horizon, coiffé de son inquiétant volcan, toujours en activité. L'île rappelle sa voisine Grenade par sa végétation luxuriante et ses reliefs escarpés. Une excursion en 4x4 permet de découvrir la côte sauvage balayée par les vents d'est. Les plages volcaniques de sable noir bordent de petites criques désertes. Les fameux arbres à pain alternent le long des routes avec les papayers, les cocotiers, les manguiers, les bananiers ou encore les avocatiers. En effet, c'est à cause de ces arbres à pain qu'éclata la révolte du *Bounty* commandé d'une main de fer par le capitaine Bligh en 1789 et qui en rapportait plus de mille plants. Un véritable pays de cocagne que Grenade. La vie semble douce aux 110 000 habitants de ce petit État indépendant.

A gauche : Outre les deux petites piscines du pont, une marina se déploie à l'arrière du navire permettant un accès direct à la mer

À la Martinique, les plages de sable noir rappellent l'activité volcanique de l'île comme l'irruption de la Soufrière en mai 1902 qui détruisit Saint-Pierre (en haut à droite)

MOUILLAGES FORAINS

Les escales se suivent et ne se ressemblent heureusement pas. L'arrivée à Marigot, à Sainte-Lucie, donne une vision idyllique de l'île qui semble vouloir faire concurrence avec une carte postale. Dans une baie peu profonde où mouillent les plus beaux yachts privés du monde, une presqu'île de sable forme une digue naturelle ouvrant sur une seconde baie protégée. Abritant des plages de rêve, Sainte-Lucie est également le rendez-vous des randonneurs ou des adeptes de VTT. Les parcours aménagés se frayent d'étroits chemins dans la forêt endémique où les rayons du soleil peinent à percer l'inextricable végétation. Au détour d'une clairière, une chute d'eau permet une baignade dans un bassin improvisé.

Royal Clipper reprend ensuite sa route pour la Soufrière, un petit village animé dans le sud de l'île. Le mouillage s'effectue à quelques encablures de la rive, au bas d'impressionnants pitons qui plongent à la verticale d'une mer assombrie. En fin de soirée, le cinq-mâts offre l'une des plus belles navigations qui soient en longeant la côte au pied de Petit Piton et Gros Piton. La mer a une couleur miel et la végétation accrochée aux flancs accidentés des parois semble vibrer sous les éclats des rayons du soleil couchant. Les voiles sont étendues, *Royal Clipper* prend le large vers la Martinique, tout au nord.

Découverte depuis la mer, Fort-de-France semble austère et désordonnée. Mais à n'en point douter, la Martinique est « la meilleure, la plus fertile, la plus douce, la plus charmante contrée qu'il y ait au monde », si l'on en croit le mot de Christophe

Colomb. Et c'est vrai que l'île aux fleurs offre diversité et charme, aussi bien dans la capitale, où l'on rencontre encore des paysannes se rendant au marché, que sur la côte ouest, jusqu'au pied du mont Pelé dont l'éruption anéantit en 1902 la ville de Saint-Pierre. Dans les terres flotte l'odeur sucrée des distilleries de rhum qui peu à peu gagne l'atmosphère.
Royal Clipper égrène les belles escales. L'été, il arbore fièrement ses parures toilées en Méditerranée et dès les premiers froids s'en retourne consommer la plus délicieuse des croisières : celle qui le conduit aux Grenadines.

Autour du commandant Jürgen Müller-Cyran, l'équipe de « Royal Clipper » offre un service attentionné pour des croisières hors normes

Conseils pratiques avant d'embarquer

Cabines : Les 104 cabines de *Royal Clipper* bien que de petites tailles (de 10 à 33 m² pour la suite du propriétaire) disposent toutes d'une douche et de toilettes privées, de sèche-cheveux, coffre-fort, TV. Les boiseries confèrent une ambiance maritime incomparable.

Restauration : Une seule salle en service ouvert. Tables de 4, 6 et 8 et quelques tables de 2. Quelques déjeuners, servis sous forme de buffet, se déroulent sur le pont principal et sur la plage. Sur le pont principal, l'Observation Lounge permet de réunir des groupes pour des voyages incentives.

Électricité : 220 V (Europe).

Espace fumeurs : Interdiction dans les cabines. Espaces extérieurs.

Tenue vestimentaire : Les croisières à bord des clippers sont généralement décontractées. La proximité de la mer et les sports aquatiques procurent une ambiance de vacances familiales très détendue. Le soir, pas de spectacles programmés dans une salle particulière mais des représentations bon enfant comme la course de crabe ou encore la soirée des talents où équipage et passagers deviennent les stars d'un soir. On peut même oublier de mettre sa cravate pour la soirée du commandant.

Blanchisserie : Service à bord payant. Pas de nettoyage à sec.

Soins médicaux : Infirmière 24 h/24. Médecin lors des grandes traversées.

Téléphone et communication : Par satellite (tarif élevé). Possibilité de recevoir des fax (payant) et d'émettre et de recevoir des mails par la passerelle.

Enfants : Les enfants adorent. Le perroquet qui séjourne en permanence deviendra leur mascotte et ils prendront rapidement le navire comme un terrain de jeux où, du haut du mât (escalade accompagnée), ils pourront surveiller l'arrivée des pirates.

Langue(s) parlée(s) à bord : Anglais. Journaux de bord en français, nombreux personnels parlant le français

Monnaie : Système de non-circulation d'argent à bord. Paiement avec la carte personnelle du bord.

Divers : Fitness Center et centre de remise en forme « Captain Nemo ».

Itinéraire : La compagnie *Star Clippers* possède trois navires, tous aux formes d'élégants clippers : *Star Flyer* et *Star Clipper*, deux sister-ships de 115 mètres de long pouvant accueillir 170 passagers et le *Royal Clipper*. L'été les trois navires naviguent en Méditerranée. L'hiver, en Asie du Sud-Est pour *Star Clipper* et aux Caraïbes et Amérique centrale pour *Royal Clipper* et *Star Flyer*.

Brochures et renseignements
Dans toutes les agences de voyages proposant les brochures Kuoni (tél. : 0 820 05 15 15. www.kuoni.fr) ou MVM (tél. : 01 40 47 78 40).

Également dans les agences JV et Voyageurs du monde.
Renseignements :
Star Clippers, 3 rue de Pontoise
78100 Saint-Germain-en-Laye.
Tél. : 01.39.21.10.98.
Fax. : 01 39 21.10.99.
www.starclippers.com

Croisière 5

Le passage du cap Horn

NO DIVING

De Buenos Aires à Valparaiso,

à bord de SILVER SHADOW

Étendues d'une infinie aridité, mers furieuses, faunes australes, « terre de merveilles », dès son plus jeune âge pour l'écrivain voyageur Bruce Chatwin, la Patagonie focalise tous les fantasmes des marins et des grands voyageurs. Dans cette exploration du bout du monde sous forme de quête, l'insouciance d'une flânerie de dix-huit jours au fil d'une croisière luxueuse adoucit l'expédition tout en conservant des allures d'aventure fascinante.

Silver Shadow ★★★★★+

382 — ★★★★★+ — €€€€€

Longueur 186 m
Largeur 24,80 m
Tirant d'eau 6 m
Tonnage 28259 t
Membres d'équipage 295
Construction Italy's Francesco Visenti Shipyard (coque) ; T. Mariotti Shipyard (aménagements)
Pavillon Bahamas
Armateur Silversea Cruises
Mise en service septembre 2000
Ratio membre d'équipage/passager 0,77
Ratio tonnage/passager 74

Appréciation d'ensemble
Nul doute qu'à bord d'un tel navire la croisière ne ressemble à un conte de fées. Sillonnant toutes les mers et tous les océans de la planète, chacun pourra aller au bout de ses rêves. Une prestation hors normes, réservée à des passagers eux aussi hors normes.

Pages précédentes et en haut : Avec seulement 380 passagers et 186 mètres de long, « Silver Shadow » est l'un des navires les plus exclusifs au monde

Page de droite : Point extrême de l'Amérique du Sud, Ushuaia est devenu le symbole des terres extrêmes

Page suivantes : Toutes les cabines donnent sur la mer et 80 % d'entre elles possèdent leur propre balcon

Quel plus beau voyage de rêve que celui proposé par *Silver Shadow*, ce navire de grand luxe capable de transporter 300 passagers, autant dire 300 privilégiés ? Seule compagnie maritime à pouvoir s'enorgueillir de l'élégant symbole des Relais & Châteaux, Silversea décline les sens les plus simples et les plus compliqués du mot confort : des suites de 30 à 130 m^2, dotées pour la plupart d'un balcon, un service exclusif et attentionné où vin, champagne et alcool sont proposés à discrétion, un service de chambre assuré 24 heures sur 24, où personne ne s'étonnera d'une demande de caviar à 3 heures du matin. Le « tout inclus » n'est pas ici un vain mot et l'ambiance s'en trouve résolument décontractée.

SILVER SHADOW

Buenos Aires vit toujours au son des bandonéons et du tango. Carlos Gardel (photo à droite) est toujours présent dans la mémoire des Argentins comme le plus grand chanteur de tango de tous les temps. L'académie nationale de tango située au-dessus du café Tortoni fondé en 1858, rendez-vous des intellectuels

Les espaces communs du bâtiment sont spacieux, permettant d'affronter toutes les mers et idéalement proportionnés pour que l'on ne ressente pas l'oppression que peut engendrer la promiscuité par trop grande de nombreux passagers.

Installé dans l'orangerie de l'Alvear Palace, le plus prestigieux hôtel de Buenos Aires, un couple termine son petit déjeuner. Dans leur chambre, le *butler* plie méthodiquement et soigneusement robes et costumes. Sur chacun des bagages, il appose une étiquette argentée avec la mention *Silversea*. *Silversea*, le sésame des croisières les plus fastueuses !

À la Plaza de Mayo de Buenos Aires, le Banco de la Nación Argentina fluctue aux rythmes mouvementés du peso

Une limousine noire se glisse sous les arcades étroites du palace. Destination : la gare maritime. La voiture file dans les larges avenues verdoyantes de l'envoûtante Buenos Aires, passant le quartier coloré de San Telmo, le marché aux puces, les cafés-concerts, les boîtes de nuit et leurs danseurs de tango, le cimetière aux tombes grandiloquentes, le delta du Paraná aux eaux fangeuses... tout cela s'éloigne à présent : la grande navigation peut enfin commencer. Cette aventure dont rêvent, en un sentiment non dénué d'appréhension, tous les marins et grands voyageurs, ceux atteints par la « grande maladie de l'horreur du domicile » selon le joli mot de Baudelaire. Une circumnavigation autour de l'Amérique du Sud avec pour point d'orgue le passage mythique du cap Horn.

Sur les quais, un concierge en queue-de-pie attend la limousine, puis conduit avec révérence les deux invités dans leur suite. Le ton est donné. Nous sommes à bord du plus beau navire de croisière du monde.

Le capitaine Igor Bencina lance les quelque 28 000 tonnes de *Silver Shadow* dans le vaste estuaire du Rio de la Plata en direction de Montevideo, la capitale de l'Uruguay.

À bord, les heureux croisiéristes découvrent leur nouvelle et somptueuse habitation. Pour ce circuit exceptionnel de seize jours, huit journées sont consacrées exclusivement à la navigation pour

Plus de 4000 kilomètres séparent, par les mers, Buenos Aires de Valparaiso sur la côte chilienne

À bord de « Silver Shadow », tout est inclus, y compris les boissons (vins et champagnes) et même le caviar

LE MARCHÉ DU CHEF

Lorsque Martial Poilbout part en escale, ce ne sont pas les sites touristiques qui le préoccupent mais les marchés. Aidé de deux cuisiniers et d'un diable, il dévalise littéralement les étals du poissonnier de Punta Arenas : 30 kilos de crabes géants encore vivants, 50 kilos de bars... le marchand n'en croit pas ses yeux. « J'ai quartier libre pour m'approvisionner et ainsi chaque passager peut découvrir les saveurs locales », se réjouit l'*executive chief*.

rejoindre Valparaiso, distante de plus de 4 000 kilomètres. Une véritable aubaine pour tirer plaisir de l'ensemble des aménagements princiers du navire, tels ce centre de soins *Mandarin Spa*, situé au pont 10, ou le *Cigar Club*, *The Humidor*, situé au pont 7. Mais ce qui distingue *Silver Shadow* des autres navires, c'est son équipage. Aux petits soins, mais d'une réserve et d'un savoir-vivre impeccables, prêts à répondre à la moindre exigence, ce sont 295 membres d'équipage (donc presque une personne par passager) qui accompagnent les passagers. Rappelons que les espaces intérieurs favorisent, il est vrai, le paradoxe d'être à la fois isolé tout en étant servi ou aidé dès que l'envie ou le besoin s'en manifeste.

Après une journée de mer, Puerto Madryn se découvre au petit matin. Des effluves de mimosa envahissent les ponts et, sur les quais, d'énormes lions de mer occupent les plots d'amarrage. Le dépaysement est total. Puerto Madryn, ville fondée par des Gallois, est le point de départ pour rejoindre la péninsule de Valdés. De nombreuses excursions proposent d'accéder à cette réserve naturelle où se concentre une faune particulièrement riche. Sur les pistes poussiéreuses qui traversent un paysage semi-désertique, des lièvres, des guanacos (lamas sauvages), des nandous, de grands oiseaux bruns rappelant l'autruche, apparaissent soudain avant de s'enfuir devant les rares véhicules empruntant le circuit. Après plus de 100 kilomètres de pampas, voici Punta Piramides, lovée dans une baie aux eaux claires où évoluent en toute liberté les baleines franches australes que l'on peut observer à bord de petites embarcations. Plus loin, à Punta Norte, ce sont les colonies d'éléphants de mer, les manchots de Magellan qui assurent le singulier spectacle. Et, de tous côtés, toujours ce sentiment fascinant d'être seul au milieu d'étendues infinies où semble régner un équilibre naturel, quasi inhumain.

Silver Shadow maintient sa route plein sud, tout droit vers le formidable cap Horn. Insouciant sous le soleil, le navire semble ronronner sur la mer étale. Chez les marins et les membres d'équipage,

les langues se délient : « J'ai fait huit fois le cap Horn, cinq fois c'était un lac… », fanfaronne Pascal, le maître sommelier qui, dorénavant, ne rêve plus que de son lopin de vigne en Toscane. « Si la mer est trop mauvaise, si les vagues dépassent les 10 mètres, on fera assurément demi-tour », lance, moqueur, Gilbert Lanza, le maître d'hôtel. Les récits les plus homériques exaltent l'imaginaire de passagers… confortablement installés sur les transats au bord de la piscine. Il paraît dès lors impensable de ne pas défier le cap légendaire sans se frotter aux éléments. Naviguer entre les quarantièmes rugissants et les cinquantièmes hurlants, effectuer le passage du Horn, a maintenant tout d'une quête initiatique, du fameux rite de passage marin, où se mêlent tempête imaginaire aux allures de déluge mythologique et récits de naufrages de marins aguerris. Mais aucun signe particulier ne semble

Première escale à Montevideo en Uruguay dans l'immense Rio de la Plata

Le parc national de la péninsule Valdès en Argentine offre une faune animale exceptionnelle. Baleines, lions de mer, pingouins… évoluent en toute liberté dans un décor fascinant

Les croisières autour de l'Amérique du Sud s'effectuent pendant l'été austral (novembre à janvier étant les meilleurs mois).
À Ushuaia, les neiges éternelles témoignent, comme le pelage des animaux, d'un climat rigoureux

vouloir assombrir une météo pour le moins clémente. Au terme de deux jours d'explorations australes, *Silver Shadow* n'a manifesté aucun mouvement de roulis ou de tangage appuyé. Le passage du détroit de Magellan s'est effectué avec la même quiétude que le détroit de Messine par une belle journée d'été.

La plupart des passagers dormaient lorsque les propulseurs d'étrave calèrent la coque blanche de *Silver Shadow* au quai de Punta Arenas. À côté du fringant navire, le *Sierra Aralar*, un cargo espagnol, embarquait sa cargaison odorante de poissons congelés pour l'Ancien Continent. Les dockers, se désintéressant des impressionnants monticules de caisses, jouèrent à siffler toute silhouette qui apparaissait sur les ponts de ce navire sans fret et ni destination apparente.

Punta Arenas, capitale de la province chilienne de Magallanes, ressemble à ces villes désolées du Far West, avec de larges avenues rassemblant baraques en tôle ondulée et rouillée, bâtiments en bois aux façades colorées et belles demeures de pierre. Sur la grève, l'épave d'une frégate anglaise, le *Lonsdale*, rappelle combien les conditions climatiques de la région peuvent être parfois inhospitalières. Pourtant, ce port est certainement l'abri le plus

VISA POUR LE CAP HORN

Le cap Horn, point le plus austral de l'Argentine, abrite quelques habitations où vivent scientifiques et fonctionnaires. Lorsque la mer le permet, il est possible de faire viser le passeport des passagers en débarquant une baleinière du navire.

sûr. Aux XVIIIe et XIXe siècles, avant l'ouverture du canal de Panamá, le commerce maritime permit que des fortunes colossales s'y bâtissent. Aujourd'hui, la Plaza de Armas, bordée d'arbres séculaires et de bâtisses remarquables, atteste la splendeur révolue de la ville.

Silver Shadow reprend sa navigation vers Ushuaia, en Argentine. Au Terrace Cafe, Martial Poilbout, le chef cuisinier, prodigue ses conseils culinaires et Jeff l'informaticien aide les internautes en herbe à se connecter à la toile. Rien ne semble altérer l'incroyable plénitude qui règne à bord alors que les fjords dans lesquels navigue *Silver Shadow* semblent étrangers à toute civilisation, presque à toute vie.

À Punta Arenas, l'épave du « Lonsdale » évoque les conditions extrêmes qui règnent durant l'hiver

Les grands glaciers de la cordillère des Andes se jettent dans la mer, comme ici à Laguna San Raphaël

Face aux collines escarpées de Valparaiso (le val du Paradis), « Silver Shadow » termine son périple de 18 jours

Ushuaia baigne dans une lumière éclatante. Sertie dans de hautes montagnes enneigées, bordée par le canal de Beagle, la capitale de la province de Terre de Feu a des allures de village de montagne. L'architecture désordonnée témoigne de l'essor de cette ville dans les années 1970, époque où le gouvernement argentin fit bénéficier les entreprises d'avantages fiscaux. Aujourd'hui, les touristes affluent et les échoppes qui leur sont dévolues sont légion. Sur le quai, jouxtant *Silver Shadow*, *Mare Australis* et *Stella Polaris*, des navires de plus petite taille, embarquent leurs passagers pour des explorations en direction de l'Antarctique. *Silver Shadow* va emprunter la même route pour rejoindre Cabo de Hornos.

À l'approche du cap Horn, le ciel s'assombrit, la mer devient noire et l'écume prend des couleurs émeraude, des albatros aux ailes démesurées rasent les flots en jouant avec les turbulences du navire. Des algues géantes, arrachées lors d'une précédente tempête, flottent telles des crinières ébouriffées. Des îlots dentelés se confondent dans la grisaille. Le cap Horn semble un immobile Sphinx attendant ses proies. À son voisinage, une houle fait tanguer lentement le navire, les vents balayent violemment les ponts. Les conditions sont particulièrement clémentes et, néanmoins, les creux atteignent plus de 5 mètres. Le navire ne s'attarde pas et entreprend sa longue navigation, cette fois-ci plein nord.

La nuit a été agitée. Une violente tempête a secoué le navire en tous sens. Assurément, rien ne manque au périple. Mais le navire retrouve sa stabilité en naviguant dans le dédale de fjords qu'est la Terre de Feu. Il rejoint la lagune où se jette San Rafael, un glacier monumental déversant des blocs de glace aux couleurs de curaçao.

Ce soir, en quittant Puerto Montt, la tenue de gala est recommandée. Valparaiso approche, et les traditionnels adieux du commandant annoncent également un dîner des plus fins : caviar et salade de crevettes géantes, homard rôti le coffre traité comme un Parmentier… Lorsque *Silver Shadow* accoste à l'aube, face aux collines escarpées de Valparaiso, véritable amphithéâtre naturel, ces phrases de Stendhal reviennent en mémoire : *Là, ce me semble, a été mon approche la plus voisine du bonheur parfait. Pour un tel moment, il vaut la peine d'avoir vécu.*

Une quinzaine de funiculaires permet l'accès aux habitations colorées des hauts de Valparaiso. Un superbe panorama s'offre alors sur toute la baie

Considérés comme les Rolls-Royce des mers, la compagnie Silversea dispose de trois autres navires de taille analogue

Conseils pratiques avant d'embarquer

Cabines : Le terme de cabine est banni pour celui de suite. D'une taille moyenne située entre 30 m² et jusqu'à 140 m² (!), 80 % d'entre elles possèdent leur propre balcon en teck et sont équipées de queen-beds, bains et douche séparée, minibar, télévision (chaînes relayées par satellite), vidéocassette…

Restauration : Pour l'ensemble des restaurants, pas de service ni de table imposés.
The restaurant : situé au centre du navire au pont 4, pour les déjeuners et dîners ; capacité : 400 places.
The Terrace Cafe : permet de dîner en intérieur ou sur la terrasse selon les conditions climatiques. Réservation souhaitée ; capacité : 170 places ; pour les trois repas et le soir dans une ambiance feutrée, dîner aux chandelles.
Sur réservation, sans supplément.
Le Poolside Grill and Bar : situé au pont 8, pour des formules buffet et grillades.
Le service en cabine (room

service) fonctionne 24 heures/24, et pendant les services de *The restaurant*, le même menu est également proposé.
Le tout comprend toutes les boissons (y compris champagne Moët et Chandon), qui sont proposées à discrétion en cabine et au restaurant.

Électricité : Prises européennes en 110/220 V.

Espace fumeurs : Zone aménagée (interdiction de fumer dans les restaurants) ; pour les fumeurs de pipe et de cigare, le somptueux « Club du cigare ».

Tenue vestimentaire : Tenue décontractée (élégant chic) la journée. Prévoir tenue de soirée (smoking et robe longue) pour les 2 à 4 soirées de gala.

Blanchisserie : Service payant, effectué le jour même pour une collecte avant 9 h. Laverie également en self-service, équipée de machines à laver, sèche-linge et fers à repasser.

Soins médicaux : Infirmière et médecin à bord. Service médical d'urgence 24 heures/24.

Téléphone et communication : Numéros internationaux accessibles directement de la cabine par liaison satellite. Centre Internet connecté en permanence (tarification à la minute).

Langues parlée(s) à bord : Comme sur l'ensemble des navires, la langue officielle est l'anglais. Pendant notre croisière, 25 membres d'équipage (plus particulièrement pendant les services de restauration) étaient francophones. Journaux de bord en français et actualités (*France-Actualités*) remis chaque jour dans la cabine.

Monnaie : Tous les tarifs sont exprimés en dollars. La prise de l'empreinte d'une carte bleue permet une facturation unique en fin de séjour.

Spectacle : L'*Athenian Show Lounge* permet d'accueillir chaque

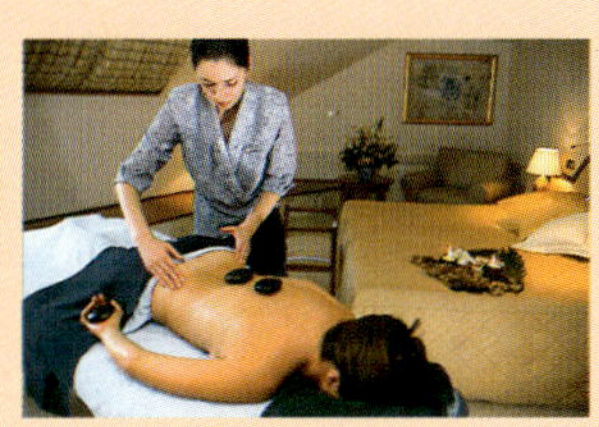

soir 356 passagers pour des spectacles de grande qualité.

Divers : Chocolat Godiva chaque soir sur l'oreiller, nécessaires de toilettes Bulgari, fleurs fraîches et fruits renouvelés en suite, argenterie Christofle…

Itinéraire :
Silversea, compagnie maritime italienne, possède 4 tout nouveaux navires récents : *Silver Shadow* (2000) et *Silver Whisper* (2001), deux unités de 28 000 tonneaux, *Silver Cloud* (1994) et *Silver Wind* (1995), deux unités de 16 800 tonneaux.
Chacun de ces navires propose des itinéraires aux quatre coins de la planète, permettant d'effectuer des voyages exceptionnels (voir itinéraire sur « www.silversea.com »).

Croisière 6

Reflets de paradis

De Tahiti à Bora Bora,

à bord de PAUL GAUGUIN

À mi-chemin entre l'Amérique du Sud et l'Australie, il est un pays auquel l'univers a généreusement prodigué ce qu'il y avait de meilleur. Dans un décor féerique aux allures de paradis perdu, les îles de la Société, en Polynésie française, ne peuvent que prêter des accents célestes à la croisière : entre luxe, raffinement et luxuriance.

Paul Gauguin ★★★★+

320 ★★★★★ €€€€

Longueur 156 m
Largeur 22 m
Tirant d'eau 5,15 m
Tonnage 18800 t
Membres d'équipage 206
Construction Chantiers de l'Atlantique Saint-Nazaire
Pavillon français
Armateur Radisson
Mise en service janvier 1998
Ratio membre d'équipage/passager 0,64
Ratio tonnage/passager 57,75

Appréciation d'ensemble
Dans un cadre idyllique, l'une des plus belles prestations en terme de croisière : un voyage de rêve pour fêter tous les grands et beaux rendez-vous d'une vie.

En haut : Avec seulement 5,15 mètres de tirant d'eau, « Paul Gauguin » peut naviguer dans les lagons les plus étroits

Pages précédentes : « Paul Gauguin » est le seul navire de cette dimension à effectuer chaque semaine des croisières dans les lagons des îles féeriques de Polynésie

Page de droite : Équipé d'une plage arrière, le navire propose l'accès à tous les sports nautiques

« Raiatea, Tahaa et Bora Bora, ainsi appelées par les indigènes, et il n'est pas apparu judicieux de leur donner d'autres noms que ces trois-là, de même qu'à Huahine, Tubai et Maurua, comme elles sont toutes proches les unes des autres je les ai appelées îles de la Société. » Ainsi furent baptisées les îles de la Société par James Cook, un célèbre circumnavigateur qui explora en 1769 ces terres lointaines à bord du navire *Endeavour.*
Aujourd'hui, *Paul Gauguin* domine le quai d'honneur, en plein centre-ville de Papeete, la capitale de Tahiti. Il semble faire partie de la ville. À quelques pas de là, le marché couvert, où se mêlent étals de poissons colorés et marchands de paréos,

PAUL GAUGUIN
MATA-UTU

PAUL GAUGUIN

Pages précédentes et ci-dessus : avec 320 passagers et un service hors pair, « Paul Gauguin » offre une véritable alternative à un yacht privé

Compte tenu de l'éloignement de la métropole, les croisières se combinent souvent avec un séjour terrestre dans l'un des hôtels « pieds dans l'eau »

de chapeaux, d'épices et de légumes tropicaux. *Paul Gauguin* se prépare à appareiller. Jouxtant l'échelle de coupée, sur l'esplanade, des petites roulottes prennent position. Les battants des camionnettes s'abaissent et une dizaine de tabourets sont disposés autour de comptoirs improvisés. Le samedi soir, le tout-Papeete se réunit autour de ces échoppes de fortune pour des dîners cosmopolites.

À bord du paquebot-yacht, la décoration est d'une grande sobriété, à la limite du dénuement. À contre-courant des décorations ostentatoires, on a privi-

légié les beaux matériaux et la discrétion des effets dans la recherche d'une distinction de bon goût.
22 heures : *Paul Gauguin* quitte Papeete en silence. Installés à leur balcon, deux jeunes mariés ont préféré le service de chambre au prestigieux restaurant Apicius. Les chandelles éclairent la nappe blanche sur laquelle sont posés le foie gras rôti et des chevrettes de Polynésie aux épices.
5 heures du matin – 17 heures en France. Le jour se lève et Raïatea perce l'horizon. *Paul Gauguin* file droit sur un passage qui lui semble inaccessible. À tribord un îlot, un *motu* (excroissance de sable et de cailloux qui peut parfois porter des cocotiers), à bâbord un récif corallien, et à peine une trentaine de mètres entre les deux obstacles. Sans réduire sa vitesse, le paquebot file sa route dans les eaux

Les jeunes de Raïatea proposent chaque semaine à bord, une Heiva, spectacle tahitien

A gauche : Ce n'est qu'en 1815 que les Tahitiens se convertirent au catholicisme

Les reliefs impressionnants des îles de la société contrastent avec l'archipel des Tuamotu au ras des flots

claires du lagon. Le *motu* est ceinturé d'une collerette de sable beige, quelques cocotiers crayonnés ici et là baignent dans une eau aux reflets d'émeraude. Voici Raïatea. Le mont Tefatua, depuis ses 1017 m, domine d'un vert soutenu le beau lagon. À la terrasse de la Véranda, le petit déjeuner est servi à l'ombre de larges parasols de toile écrue. Le rêve prend vie.
Raïatea, première escale, est assurément la terre sacrée des Polynésiens. Raïatea, littéralement « le ciel qui s'étend », fut pour les Anciens l'origine du peuplement des îles du Pacifique. En effet, huit passages permettent l'accès à l'île. Chacun d'entre eux indique précisément la direction des îles de l'océan Pacifique telles la passe du Muto Nao Nao, en direction des Marquises au nord-est, la passe de

LA GASTRONOMIE, HÉRITIÈRE DE LA CULTURE MARITIME

Chaque année une croisière gastronomique est effectuée avec le célèbre chef français Vigato

À bord de *Paul Gauguin*, la gastronomie est française. Philippe Logerais assure chaque jour une restauration de grande qualité. « C'est d'abord la qualité des produits qui détermine mes achats. Côté finance, on a des moyens. Ce qui coûte le plus cher, c'est certainement le fret. La semaine prochaine, je dois trouver de l'agneau, et c'est de France qu'il viendra, et par avion ! » déclare le chef, qui est en pleins préparatifs pour la semaine spéciale gastronomie. Le *Paul Gauguin* organise chaque année une à deux croisières consacrées à l'art culinaire. Si les Français y sont sensibles, c'est également loin de déplaire aux nombreux croisiéristes américains. Car il ne faut pas s'y tromper : les Américains qui voyagent sur le *Gauguin* sont de fins gourmets. Leur connaissance des vins est surprenante. Gastronomie et croisière ont toujours été intimement liées. Nul doute qu'à bord de *Paul Gauguin*, elles y trouvent leur meilleure expression. L'équipe enthousiaste qui entoure Philippe Logerais aime passionnément son métier et a à cœur de faire partager cet amour.

Fetuna, vers la Nouvelle-Zélande, ou la passe de Taputapuatea, vers la lointaine île de Pâques.

Distante de quelques kilomètres de Raïaeta, Tahaa se singularise par l'exploitation de la vanille, qui y pousse en abondance. La *Vanilla tahitensis* est l'une des principales ressources de l'île (on la surnomme d'ailleurs l'île Vanille), avec le tourisme et les perles. Les habitants ont une joie de vivre et un sens de l'accueil qui rappellent la description qu'en fit Louis-Antoine de Bougainville qui, lors de son voyage autour du monde en 1768, à bord de *La Boudeuse*, décrivit un peuple amical. Trois siècles plus tard, l'accueil réservé aux voyageurs reste toujours aussi démonstratif. Dans la chaloupe qui ramène les passagers, Mary, une Américaine du Maine, est coiffée d'une couronne de fleurs tressées offerte par son guide. L'embarcation est traversée par les effluves de tiaré mêlés aux senteurs sucrées de la vanille.

Au retour, le navire semble vide. Seuls 350 passagers occupent ce paquebot de 160 m. On peut avoir le sentiment d'être à bord d'un yacht privé, les services en plus. Au pont 6, par exemple, un centre de remise en forme, somptueusement décoré, propose tous les bienfaits de l'aromathérapie, de la thalassothérapie ou des massages réalisés à partir de pierres chaudes enduites de beurre de coco.

Le navire reprend sa navigation sous les étoiles cette fois-ci. Le dîner s'effectue à la Véranda, le restaurant le plus select : charlotte de pommes de terre au caviar, grosses ravioles de homard en « dim sum », sancerre 1999… *Paul Gauguin* est indiscutablement la meilleure table de Polynésie.

La plate-forme nautique descend lentement, laissant apparaître un ciel bleu où paressent de hauts cumulus. La journée au Muto Mahana, l'île privée de *Paul Gauguin*, sera consacrée aux sports nautiques (planche à voile, kayak, ski nautique, plongée, etc.). Les passagers, en grande majorité américains, se partagent entre de jeunes couples en lune de miel et d'autres commémorant des noces déjà plus lointaines. Tous se retrouvent pour un élégant barbecue organisé à l'ombre des cocotiers.

Culture, danse, excursions, faune extraordinaire, la Polynésie française est un dépaysement merveilleux

Bora Bora, le plus beau lagon du monde, apparaît au troisième jour de la croisière. Les pics dentelés de la perle de la Polynésie plongent à l'abrupt dans un immense lagon paradisiaque. C'est dans ces eaux peu profondes que l'on rencontre raies géantes et requins de récif. Plusieurs excursions proposent d'approcher ces animaux fascinants.
Ainsi s'achève la croisière. Le *Paul Gauguin* fait un petit crochet pour longer l'atoll de Tetiaora. Les atolls développent l'imaginaire. Marlon Brando a certainement succombé à leur charme. En 1965, quelques années après avoir effectué le tournage des *Révoltés du « Bounty »*, le célèbre acteur devint propriétaire de ce petit lopin de corail où le capitaine Bligh, en 1789, avait mis le pied pour pourchasser trois déserteurs. Aujourd'hui, un hôtel, le Tetiaroa Village, dispose de 8 farés (« maison » en tahitien) et de 9 bungalows.

Pour profiter pleinement des escales, « Paul Gauguin » lève son ancre chaque soir pour des navigations nocturnes

À la recherche des dauphins et des baleines, Michael a embarqué une dizaine de croisiéristes dans son canot à moteur. Dans la première passe, même si les dauphins sont absents, ils assistent au spectacle d'immenses vagues qui se forment au contact du récif. Elles déferlent dans un vacarme ahurissant. Le *mara'amu*, un alizé de sud-est, effiloche l'horizon. Les dauphins apparaissent soudain par dizaines autour de l'embarcation.

Les traditions séculaires ont retrouvé une place importante chez les jeunes Polynésiens qui n'hésitent pas à se tatouer comme le faisaient leurs ancêtres

Les pics vertigineux drapés de nuages de l'île de Moorea apparaissent à l'horizon. Le bateau est bientôt encerclé par de hauts pitons ciselés qui se perdent dans le ciel. Les baies de Cook et d'Opunohu sont fascinantes. Seul un bateau permet d'approcher les îles comme il se doit. Lentement, progressivement, leurs formes se découvrent, les odeurs suaves des fleurs de gingembre, des vanilliers. Moorea s'effeuille ainsi, se laisse dévoiler.

La croisière prend fin et s'en retourne sur Tahiti. Une fois l'an, au mois d'octobre, *Paul Gauguin* pousse sa route vers les lointaines Marquises, sauvages et préservées. Trois jours de pleine mer pour profiter davantage du navire qui demeure à lui seul une véritable escale.
Voyage d'une vie, folie romanesque, la Polynésie, si éloignée de la métropole, demeure le plus beau sanctuaire des paradis perdus.

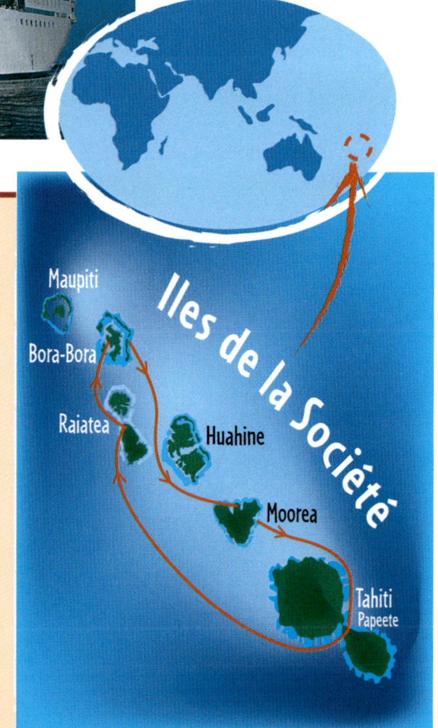

Conseils pratiques avant d'embarquer

Cabines : Spacieuses (de 19 à 42 m²), elles sont équipées d'un bar dont l'approvisionnement est renouvelé sans frais pour les boissons non alcoolisées et les bières. Coffre-fort, sèche-cheveux, peignoirs de bain, télévision, téléphone, climatisation individuelle, etc. : rien ne manque.
Les cabines avec balcon possèdent une large baie vitrée.
Tout simplement magique !

Restauration : Pour l'ensemble des restaurants, pas de service ni de table imposée. L'Étoile, dans un décor style 1930, est située au pont 5. Pour les déjeuners et dîners. La Véranda. Pour les trois repas et le soir, dans une ambiance feutrée, dîner aux chandelles. La carte du célèbre restaurant Apicius (2 étoiles au guide Michelin) de Jean-Pierre Vigato est proposée sur réservation (sans supplément).
Le Grill est situé au pont 8.
Pour la formule buffet de poissons grillés et les salades.
Le service en cabine (room service) fonctionne 24 heures sur 24, et pendant les services de l'Étoile, le même menu est également proposé sans supplément.

Régime diététique : sur demande au maître d'hôtel.

Électricité : Prises européennes en 220 V et prises USA.

Espace fumeurs : La partie tribord est réservée aux espaces publics fumeurs. Pour la pipe et le cigare, le salon Connoisseur Club

Tenue vestimentaire : Sous les tropiques le veston cravate n'est pas de rigueur. Les soirées sont habillées sans toutefois être formelles. Inutile de vous encombrer d'un nœud papillon et d'un smoking. Palmes, masque et tuba vous seront prêtés gracieusement à bord.

Blanchisserie :
Service payant, effectué le jour même pour une collecte avant 9 heures. Pas de fer à repasser (pour des raisons de sécurité). Service gratuit pour l'entretien des chaussures.

Soins médicaux :
Infirmière et médecin français à bord. Service médical d'urgence 24 h/24.

Téléphone et communication :
Numéros internationaux accessibles directement de la cabine avec une carte de crédit. Pour les portables, demandez avant de partir l'extension Polynésie.
Internet : possiblité d'envouer et de recevoir des mails par la passerelle du navire.

Langue(s) parlée(s) à bord :
Le personnel navigant est exclusivement composé de Français. De même, aux cuisines, l'ensemble des chefs est français. En définitive, et bien que 80 % des croisiéristes soient américains, le bateau représente bien la France dans son expression et ses services.
Dans les îles, le français est la langue officielle.

Monnaie : À bord, l'empreinte de votre carte de crédit sera le sésame à toutes vos envies. À terre, de nombreux distributeurs vous permettront de retirer des francs Pacifique.

Divers : Possibilité de faire développer ses pellicules à bord.

Itinéraire :
Paul Gauguin effectue des rotations hebdomadaires de 7 jours (9 nuits/10 jours avec aérien). Départ chaque vendredi de Papeete. 22 heures de vol au départ de Paris, décalage horaire 12 heures. Transfert et accueil à l'hôtel Beachcomber Parkroyal. Une à deux croisières de 15 jours réalisent chaque année des circuits jusqu'aux Marquises. A Noël et Jour de l'An, des programmes exceptionnels de 10/11 jours sont également aménagés.

Brochures renseignements
France, Belgique, Luxembourg, Suisse :
Compagnie Maritime de Croisières
15 avenue Victor-Hugo – 75116 PARIS
+33 (0)1 40 67 77 69 Fax : +33 (0)1 40 67 77 71
Email : pgauguin@club-internet.fr
Et dans les agences de voyages dans les catalogues :
KUONI
www.kuoni.fr
TOURINTER
www.tourinter.com
HAVAS VOYAGES VACANCES
www.havasvoyages.fr
AUSTRAL LAGONS
www.austral-lagons.com

Croisière 7

A la découverte de la Terre des hommes

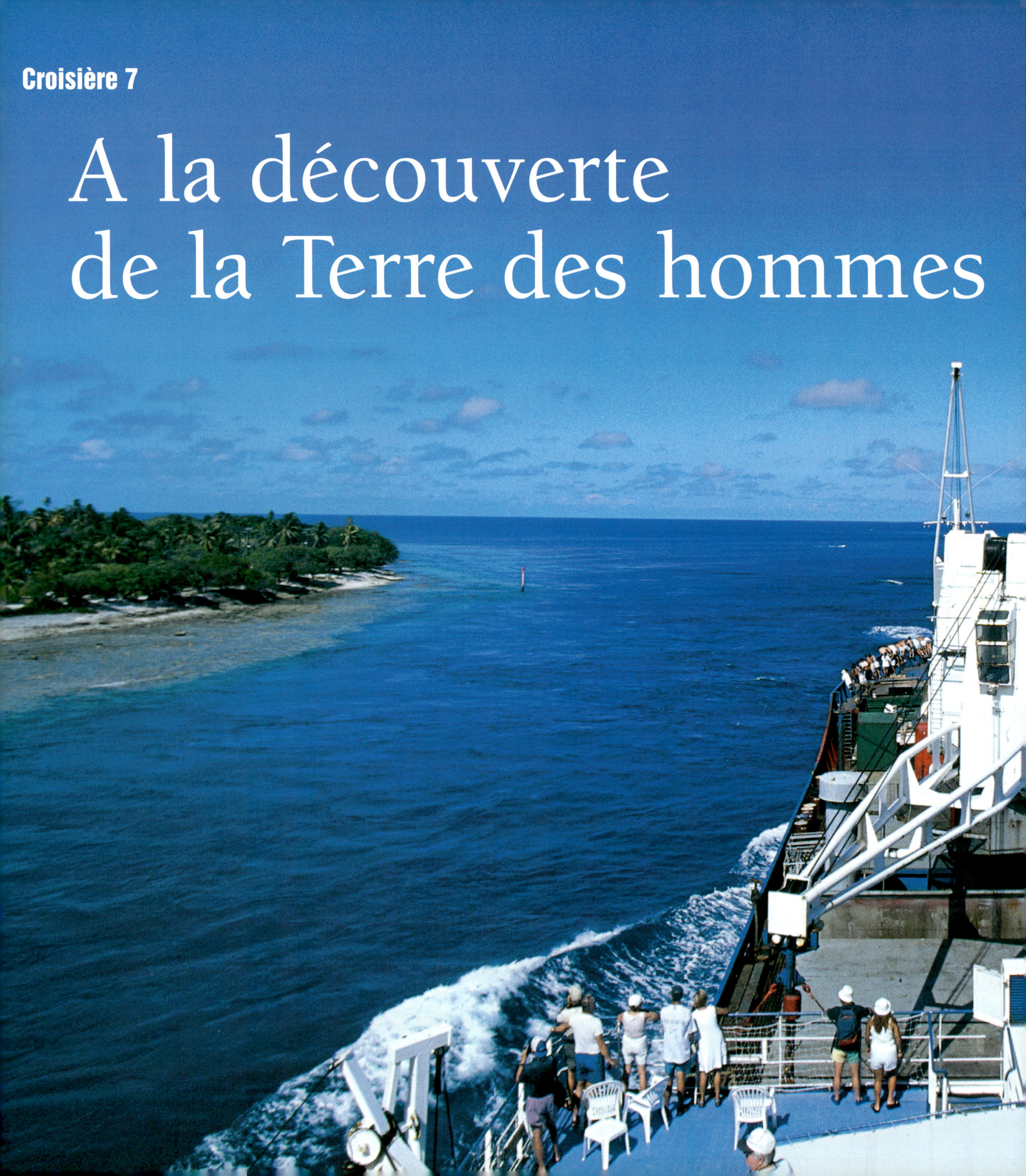

Les Marquises

à bord d' ARANUI

Aranui 2 ★★

110 | ✕ ★ | €€€

Longueur 105 m
Largeur 15 m
Tirant d'eau 6 m
Tonnage 2011 t
Membres d'équipage 42
Construction Chantiers de Brême
Pavillon Bahamas
Armateur Compagine polynésienne de transport maritime (CPTM)
Mise en service 1989
Ratio membre d'équipage/passager 0,38
Ratio tonnage/passager 18,28

Appréciation d'ensemble
Loin du confort habituel des paquebots modernes, *Aranui* offre toutefois un charme incomparable rythmé par ses escales aux Marquises. Une expérience unique en dehors des itinéraires traditionnels. Des rencontres mémorables, des couleurs, des odeurs, des paysages à couper le souffle… Tout est réuni pour un voyage inoubliable. On regrettera seulement le prix élevé (même si l'ensemble des excursions est inclus).

Prendre la mer, partir loin au bout des océans, embarquer sur un cargo, débarquer au gré des escales… Qui n'a jamais rêvé de tout abandonner et de vivre, au soleil, une parenthèse dans sa vie de bourlingueur. C'est ce rêve polynésien qu'offre Aranui. *Le caboteur joue à saute-mouton d'île en île, en assurant le ravitaillement de l'archipel des Marquises, appelé ici « Henua Enana », la Terre des hommes. Il propose à une centaine de routards des mers de l'accompagner dans une de ses tournées.*

En haut : Ambiance cargo de nuit dans la timonerie accessible à tous les passagers

Pages précédentes : Passage magistral dans la passe de Rangiroa reconnu comme l'un des plus beaux spots de plongée sous-marine du monde

Page de droite : Loin du luxe des navires de croisière, les passagers d'« Aranui » recherchent avant tout le goût authentique d'une expérience proche des cargos de fret

Il y a bien longtemps qu'*Aranui* creuse son sillage dans les eaux polynésiennes. C'est un fil d'Ariane qui court d'île en île. Le cargo apporte et emporte marchandises et passagers. Avec le développement des vacances embarquées, *Aranui* a décidé de faire une meilleure place aux croisiéristes, qu'il accueille dans de bonnes conditions de confort. C'est le seul navire à rallier tous les quinze jours, au départ de Papeete, les îles du nord-est de la Polynésie chères à Brel et à Gauguin : les Marquises. La Polynésie française est immense. La distance séparant Papeete de Nuku-Hiva, la plus grande des îles Marquises, est équivalente à celle qui sépare Stockholm de

ARANUI

Paris. Aussi, accompagner *Aranui* dans son périple, c'est s'abandonner au rythme particulier d'une longue croisière de deux semaines avec la certitude d'y rencontrer l'aventure.

Aranui n'est pas un de ces paquebots de luxe qui effleurent les mers en smoking blanc. Lui, son genre, c'est le baroudeur en bleu de chauffe, le bourlingueur bravache. Sur le pont, un rempart de conteneurs. Ils sont chargés ou déchargés à l'aide de trois grues embarquées qui permettent au cargo de desservir les ports les moins bien équipés. Sur les navires de la Royale, on a coutume de dire aux matelots : « Tu salues tout ce qui bouge et tu peins tout ce qui ne bouge pas ! » Sur *Aranui*, on salue peu – décontraction oblige – et l'on peint encore moins. La rouille a fini par prendre ses quartiers sur une coque malmenée par une mer qui peut se montrer redoutable.

Ecrin sauvage, les Marquises demeurent une fascination pour tous ses visiteurs

Pages précédentes : Une centaine de passagers accompagnent l'avitaillement des îles Marquises par le seul navire assurant la liaison avec la capitale polynésienne, Tahiti

Situé à l'arrière du navire, un dortoir permet d'effectuer le voyage à moindre coût

D'une centaine de mètres de longueur, le bâtiment comporte quatre ponts où s'entassent non seulement des conteneurs mais aussi des marchandises disparates formant un capharnaüm typique du petit cabotage. L'espace réservé à la centaine de passagers est donc réduit à sa portion congrue. On trouve toutefois une boutique, une salle de réunions qui fait également office de salon, une salle à manger pouvant accueillir cinquante personnes, un bar et même une piscine d'eau de mer. Le caboteur compte 34 cabines, meublées simplement, dont 28 avec hublot. Il existe aussi un dortoir. Le caractère plutôt rudimentaire de l'hébergement fera hésiter certains candidats au voyage… Attention, en dépit ou à cause de cela, *Aranui* est très demandé ! Pour obtenir une cabine en périodes scolaires (juillet, août et décembre), il faut s'y prendre un an à l'avance ! Le concept – un rien routard – plaît. En somme, *Aranui* offre à ses « croisiéristes d'un autre type » un confort convenable… Ajoutons que le caboteur n'est pas équipé de ces stabilisa-

teurs qui donnent l'impression aux habitués des paquebots modernes que toutes les mers sont d'huile. Sur *Aranui*, sachez qu'il vous faudra au moins deux jours pour vous amariner.
En ce mois d'août, les passagers constituent un ensemble aussi hétéroclite que la cargaison. Tous les enseignants de Papeete se sont donné rendez-vous. Quelques Américains tentent d'approcher ce microcosme, mais le docte groupe est étanche. Deux Anglais, deux Australiens et deux Japonais font également partie de l'expédition, ainsi qu'une trentaine de « locaux », terme désignant ceux qui, ne se déplaçant que d'une île vers une autre île

Les itinéraires réalisés par « Aranui » tiennent également compte du centre d'intérêt des passagers où farniente sur des plages de rêve alterne avec des kaikai, repas traditionnels marquisiens

Loin de l'image formelle des capitaines, le commandant Taputu n'hésitera pas à emmener quelques passagers pour pêcher la langouste lors d'une escale

LE NOUVEL ARANUI

Aranui 3 a succédé au navire présenté dans ce chapitre. Si l'esprit demeure, le confort en revanche s'est considérablement amélioré : 10 suites proposent des balcons et 63 cabines sont équipées de lit double, réfrigérateur, douches... Pour les nostalgiques, le dortoir a été maintenu.

« Aranui » est un véritable cargo. Lors de chacune des escales, commerçants et particuliers viennent enregistrer leurs marchandises pour l'île voisine ou la capitale Tahiti

proche, sont des passagers éphémères. La partie arrière leur est réservée, là où l'on range les cordages. À 17 heures, on leur sert leur ordinaire, riz et ragoût, qu'ils mangent assis à même le pont. Autant dire que c'est sans succès que trois hôtesses tentent de fédérer cette assemblée hétérogène.

Le commandant Taputu Mapuhi apparaît en bras de chemise. Il ne faut pas se fier à son apparente décontraction. Le Pacifique, il le connaît par cœur et, depuis quatre années qu'il dessert ces îles, il a appris à s'en méfier. Il sait au prix de quelles difficultés rencontrées *Aranui* est fidèle au rendez-vous avec chacune de ses escales. L'exactitude est importante, car l'escale est un rite. Lorsque le cargo accoste, tout le village se dirige en procession vers le quai. *Aranui,* c'est le cordon ombilical qui relie à la capitale de la Polynésie, Papeete.

Aujourd'hui, on aborde à Tahiohae. « *Aranui,* c'est la septième île des Marquises », lance en manière d'accueil une femme assise sur le quai devant un fatras d'objets entassés dans une caisse métallique. Un bureau de fortune, installé dans un conteneur, passe en un instant, par la grâce de l'une des grues, du pont du bateau au quai. Un Chinois tient le registre. On charge 50 kg de bananes pour Ua-Huka, une bétonnière pour Papeete, un cheval pour Ua-Poua... C'est toute la vie de l'île qui passe du quai au bord ou du bord à quai.

À terre comme en mer, l'équipage est polyvalent. En mer, les marins peuvent être chanteurs ou musiciens et ils participent aux spectacles offerts aux passa-

Il faut plus de deux jours de pleine mer pour rejoindre les Marquises au départ de Tahiti. Mais à chaque arrivée, l'accueil légendaire des Marquisiens récompense les voyageurs au long cours

gers ; à quai, ils sont caristes, grutiers, dockers, peintres, voire pilotes des baleinières quand le déchargement ne peut pas se faire sur une estacade ; quand il s'effectue par échouement sur une plage, ils jouent les chevaliers servants en transportant dans leurs bras de gladiateurs, après les sacs de coprah et de ciment, après les fûts d'essence, les passagères qui redoutent de mouiller leurs escarpins.

Aux Marquises, on mange bien. L'embonpoint de la population en est la vivante publicité. Les repas à bord sont simples et bons. Un menu unique, des produits frais, des vins de pays ; on ne manque de rien. À terre, lors des escales, des festins sont proposés aux passagers, comme *Chez Yvonne,* dans le village d'Hatiheu, sur l'île de Nuku-Hiva. Elle est à la fois maire du lieu et propriétaire du célèbre restaurant portant son nom.

À midi, on ouvre le four marquisien. Depuis cinq heures y mijotent à l'étouffée, disposés sur des pierres incandescentes et enveloppés dans des

Véritable amer pour les marins, les églises des Marquises témoignent d'une foi toujours très présente

Après avoir déchargé le fret, la baleinière permet aux passagers de débarquer sur les grèves

UN ITINÉRAIRE EXCEPTIONNEL POUR DÉCOUVRIR LES MARQUISES

« Henua Enana », la Terre des hommes. Situées à 1500 km au nord-est de Tahiti, les Marquises sont constituées de six îles habitées créées, selon la légende, pour former la « Grande Maison » par les dieux Oatea et Atanua. Elles sont réparties en deux groupes distincts : le groupe nord avec la grande Nuku-Hiva,
Uo-Pou et ses montagnes en pain de sucre, Ua-Huka, l'île aux chevaux ; le groupe sud avec Hiva-Oa, l'île aux tiki (sculptures de pierre volcanique ou de basalte), Tahuta et Fatu-Hia, les îles du découvreur espagnol Mendaña. Le bateau est certainement le meilleur moyen pour découvrir cet archipel. À terre, les infrastructures touristiques sont quasi inexistantes, les routes, le plus souvent des pistes. L'*Aranui* propose 16 rotations de 15 jours chaque année.

ITINÉRAIRE :

1er jour : départ des quais de Papeete, Tahiti à 19 h.
2e jour : Takapoto, îles des Tuamotu.
3e jour : en mer.
4e jour : Ua-Pou (Hakahou-Hakahetau), îles Marquises,
5e jour : Nuku-Hiva (Taiohae),
6e jour : Nuku-Hiva (Taiohaé-Taipivai)
7e jour : Hiva-Oa (Atuona), Tahuata (Vaitahu) ;
8e jour : Fatu-Hiva (Omoa-Hanavave) ;
9e jour : Hiva-Oa (Puamau-Hanaiapa) ;
10e jour : Ua-Huka (Haavei) ;
11e jour : Ua-Huka (Hane-Vaipae-Hokatu) ; 12e jour : Nuku-Hiva (Hatiheu-Anaho-Akapa) ; 13e jour : Nuku-Hiva (Taiohae), Ua-Pou (Hakahau) ;
14e jour : En mer ;
15e jour : Fakarava, îles de Tuamotu ;
16e jour : arrivée à Papeete à 9 h.

Possibilité d'effectuer uniquement une partie de la croisière lors de sa navigation aux Marquises (8 jours/7 nuits).
Paul Gauguin effectue également des croisières grand luxe deux fois par an vers les Marquises (voir présentation p. 83).

L'équipage participe à toutes les activités : déchargement du fret, entretien et même animation

Seul l'accès par la mer permet de découvrir réellement les Marquises

feuilles de bananier, deux porcelets, dénommés ici *pua ka*. À côté, sur de grands brasiers, sont allongées d'impressionnantes langoustes. Il ne s'agit que des plats principaux. Pour le reste : poisson cru mariné dans du lait de coco et viande panée servie avec de larges frites. Sans oublier la musique de l'orchestre local et le vin à volonté…
On ne peut qu'aimer passionnément *Aranui*, bateau perdu entre Australie et Amérique du Sud. Tout y

est vie : l'équipage, les escales pleines de bruit et de chaleur, les contacts inoubliables avec les Marquisiens. Comment ne pas être attendri lorsque l'orchestre s'installe et que les gros bras qui, tout à l'heure, déchargeaient les cales, se saisissent de frêles guitares, les ukulélés. Ils y promènent adroitement leurs doigts pataauds et meurtris et se mettent à chanter dans la nuit, jusqu'à… On perd le sens du temps, alors.

De retour à Tahiti, « Aranui » retrouve son quai de fret éloigné de celui des croisières de luxe

Conseils pratiques avant d'embarquer

Cabines : Cabine climatisée (non réglable). Décoration minimale. Mobilier simple. Service de chambre : une fois par jour. Pas de minibar mais réfrigérateur. Pour réaliser ce beau voyage à moindre budget, un dortoir accueillant 30 personnes permet de diviser la note par deux. Les séparations par des rideaux individuels donnent au voyage des allures d'auberge de jeunesse.

Restauration : Restauration familiale sans prétention mais toujours réalisée avec soin. Plat unique. Petit déjeuner 6 h 30 à 8 h 30 (pas de service en cabine) – Déjeuner 1er service : 11 h 30 ; 2e service : 12 h 45 – Dîner 1er service : 18 h 30 ; 2e service : 19 h 45. Table de six.

Emplacement fixe.
Boutique à bord. Bar ouvert tous les soirs, animé par Yoyo, l'égérie des noctambules.

Électricité : 220 et 110 V. Prises européennes.

Quand partir : Les meilleures périodes courent d'avril à octobre réputée comme saison sèche. En hivers le temps est toutefois particulièrement clément, mais il n'est pas rare de rencontrer quelques grosses averses. On évitera également les périodes de vacances du mois d'août.

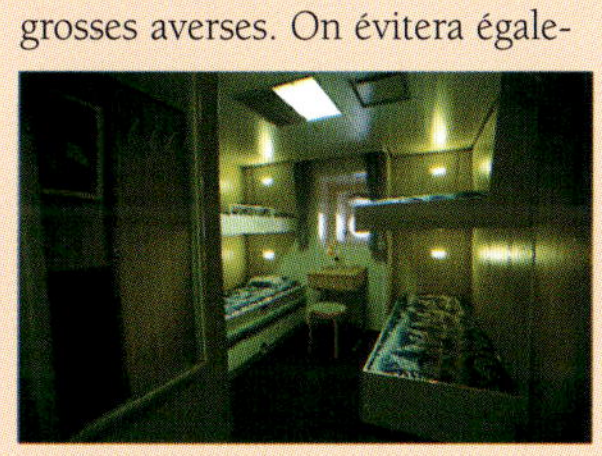

Téléphone et communication : Pas de fax ni de télex à bord. Téléphone portable : pas de réseaux.

Blanchisserie : Service de lingerie (sans frais) – deux fois par semaine – pour les vêtements non fragiles.

Soins médicaux : Une infirmière à bord.

Brochures et renseignements
Tahiti Tourisme 28, boulevard Saint-Germain, 75005 Paris.
Tél. : (33) 01 55 42 61 21 (professionnels).
Tél. : (33) 01 55 42 64 34 (clients).
Fax : (33) 01 55 42 61 20.
tahititourisme@voyageatahiti.com
www.voyageatahiticom

France
KUONI Tél. : 0 820 05 15 15 site Internet : www.kuoni.fr
AUSTRAL LAGON
19, boulevard Raspail 75007 Paris
Tél. : 01 53 63 84 40
Fax : 01 53 63 84 55
TOUR INTER LYON
26, rue de la République
69002 Lyon
Tél. : 04 72 40 90 35

Suisse
ALBERTSEN VOYAGES
7, avenue Benjamin-Constant
CP 2132 1002 Lausanne
Tél. : 00 (41) 21 321 77 46

Croisière 8

La ruée vers le nord

De Seattle à Vancouver,

à bord de

RADIANCE OF THE SEAS

Point de départ des croisières vers l'Alaska, Seattle et Vancouver accueillent les plus beaux navires américains. Faune d'une grande richesse, paysages à couper le souffle, la Colombie-Britannique se découvre par le Pacifique.

Radiance of the seas ★★★★

2100 | ★★★★ | €€€

Longueur 293 m
Largeur 32,20 m
Tirant d'eau 8,30 m
Tonnage 90090 t
Membres d'équipage 859
Construction Chantiers navals de Meyer Werft (Allemagne)
Pavillon Liberien
Armateur Royal Caribbean International
Mise en service février 2001
Ratio membre d'équipage/passager 0,41
Ratio tonnage/passager 42,90

Appréciation d'ensemble
Une grande variété dans les divertissements offerts, un espace surprenant, une gastronomie de qualité font des croisières à bord de ce géant des mers aux formes graciles de plaisantes sinécures, intéressantes, en outre, par l'excellent rapport qualité/prix.

En haut : 75 % des cabines possèdent leur propre balcon

Pages précédentes : Au plein cœur de Vancouver, « Radiance of the Seas » est accosté à Canada Place, le terminal de croisière. À deux pas, le charmant quartier Gastown aux façades du XIXe, entrecroisé de rues pavées

Page de droite : L'imposante proue permet d'accueillir un héliport, pour des interventions urgentes

Adossé à un enchevêtrement hétéroclite de buildings, *Radiance of the Seas* attend ses passagers impatients de découvrir les merveilles du Grand Nord. Néanmoins, ce n'est pas l'or du Klondike, en Alaska, qui les attire irrésistiblement, comme en 1896, quand les quais en bois du port de Seattle vibraient au rythme effréné de la ruée vers le métal jaune. Fermiers, banquiers, professeurs, et même le maire de Seattle, 100 000 personnes laissèrent femmes et enfants pour gagner la rivière Yukon, réputée receler le précieux métal. Aujourd'hui, l'or de la côte nord-ouest des États-Unis et de la Colombie-Britannique a les couleurs vertes d'une nature exubérante et généreuse.

ELY15
15
H

RADIANCE OF THE SEAS

La Colombie-Britannique offre une grande variété de paysages, rendez-vous des amoureux des loisirs de plein air

Pages précédentes : Avec près de 300 mètres de long, 13 ponts, 7 restaurants... et 3000 personnes embarquées (passagers et équipage), « Radiance of the Seas » est une destination à lui seul

L'une des trois piscines. Celle-ci, couverte, est située dans une serre tropicale

Radiance of the Seas peut accueillir plus de 2 100 passagers et 859 membres d'équipage. Les 70 000 tonnes de l'ex-*France* rivaliseraient mal avec les 90 000 tonnes de ce géant des mers. Et, paradoxalement, en circulant dans les aménagements somptueux des 13 ponts, on ne ressent la crainte d'aucune promiscuité forcée ou dérangeante. On demeure même fasciné par ces 300 mètres qui semblent vouloir encore continuer jusqu'à l'horizon, le long d'un quai qui paraît bien trop frêle. Fascinant colosse de verre – près de 50 % de sa surface –, le *Radiance of the Seas*, en digne seigneur

Mur d'escalade, terrain de basket, piste de roller, la croisière est aussi pour les plus jeunes

A gauche : Fleurie, pacifique, gaie, Victoria, l'ancienne capitale de Colombie-Britannique, est une escale charmante

À bord, chaque espace est une œuvre architecturale, comme cette coursive en forme de coque de navire renversée

des mers, subjugue les badauds de Seattle, pourtant blasés par les grandeurs du Nouveau Monde, qui s'extasient au singulier spectacle de ce grand navire s'engageant dans Elliot Bay.

À bord, la fascination a également gagné les croisiéristes, qui découvrent un navire hors norme. Sur les ponts extérieurs, la piste de jogging et de rollers est déjà empruntée par des sportifs aux allures futuristes ; plus loin, un terrain de basket et, à l'aplomb de la cheminée du navire, un mur d'escalade. Tout aussi ensorcelés, les joueurs de minigolf s'appliquent à parfaire leur *putting*. Dans la frénésie de cette première journée, il semble impossible de faire le tour du navire et de ses 13 ponts. *Radiance of the Seas* représente une véritable destination à lui seul.

La gastronomie est également au rendez-vous. Ce qui peut surprendre à bord d'un navire de cette taille. Pas moins de sept restaurants proposent en effet plusieurs types de cuisine, d'une qualité irréprochable, et un cadre intime, comme au restaurant italien Portofino.

À l'aube, entre le détroit de Johnstone et celui de Géorgie, une lueur brillante et rosée découpe, sur une mer encore bleu nuit et un horizon dentelé par de hautes montagnes, les gratte-ciel de Vancouver. Lovée dans l'un des plus beaux sites du monde, la ville accueille fièrement les navires de croisière. Une gare maritime ultramoderne drapée d'immenses tentes blanches en forme de tipis, rappelle le patrimoine culturel des Indiens Salish auquel le musée d'anthropologie de l'université de Colombie-Brittannique est en partie consacré. Mais la ville, annexée par James Cook en 1778, n'est pas seulement une « réserve » historique, c'est également le cœur d'une région où la nature a conservé ses prérogatives.

Au nord de Vancouver, le pont de Capilano traverse une impressionnante gorge à plus de 70 mètres de hauteur

A gauche : L'atrium, puits de lumière, s'ouvre sur un dôme de verre, 9 ponts plus haut

Nostalgie des années 50, le Canada cultive l'ambiance surannée des années d'après-guerre

De retour au navire, les plus jeunes se sont rués à l'Optix, l'endroit branché des teen-agers, où ils peuvent profiter à satiété de vidéo-clips et du bar à sodas. Pour les plus âgés, le *Compass*, journal de bord (également en édition française), propose une variété étonnante de divertissements : karaoké de 23 h 30 à 1 h au Hollywood Odyssey, au pont 13 ; soirée disco de 22 h 30 à 3 h, cinéma avec Shanghaï Noon à 23 h ; fête dansante de 23 h à 1 h 30 au Colony Club, pont 6 ; à 21 h, spectacle au théâtre l'Aurora, pont 5/6, et de 20 h à 22 h, vente aux enchères d'œuvres d'art au pont 3 ! Mais même à bord du *Brillance of the Seas*, les journées ne comptent hélas que 24 heures…

Située à l'extrémité sud de l'île de Vancouver, Victoria, la pimpante capitale de la Colombie-Britannique, semble être le décor d'époque d'une superproduction hollywoodienne qui retracerait les fastes de l'Empire. Calèches et vélos-taxis sillonnent les rues fleuries entre le Parlement aux dômes de cuivre et Bastion Square, où se masse une foule bigarrée. Plus loin sur la côte, le parc national de Pacific Rim est l'endroit attitré pour l'observation des baleines, entre mars et août.

Pour la dernière soirée, le port de la robe longue et du smoking est recommandé. Si vous n'en disposez pas, il est possible d'en louer à la boutique. Et il vous sera alors impossible d'échapper à la traditionnelle photo sur fond de nuit étoilée.

Durant l'été, les navires prolongent leur route vers le Grand Nord et explorent le territoire le plus fascinant des États-Unis : l'Alaska. Ainsi, allongés dans les transats qui bordent le solarium, les croisiéristes peuvent-ils découvrir les décors envoûtants d'une nature abondante, ainsi qu'une autre approche du voyage.

Positionné sur la côte ouest des USA durant l'été, « Radiance of the Seas » effectue des croisières de 10 jours vers l'Alaska

Conseils pratiques avant d'embarquer

Cabines : 1050 cabines dont 813 sur mer et 745 avec balcon. Toutes sont équipées d'une salle de bains, téléphone, TV interactive, mini-bar et sèche-cheveux.

Restauration : 7 restaurants. Possibilité de menus diététiques (shipshape) et sélections de plats végétariens. Restaurant Portofino sur réservation.

Électricité : 110 V (US) et 220 V (Europe).

Espace fumeurs : Possibilité de fumer dans les cabines.

Tenue vestimentaire : Indiqué dans le journal de bord pour chaque dîner. Journée, décontractée. Une à deux soirées de gala habillées.

Blanchisserie : Service le jour même ou sous 24 h selon tarif.

Soins médicaux : 2 médecins et 3 infirmières 24 h/24.

Téléphone et communication : Téléphone par satellite au tarif de 7,95 $ par minute. Internet : accès au Cyber Stateroom (12 écrans).

Enfants : Croisière familiale par définition, les enfants vivront un véritable conte de fée par les activités, la restauration et les escales. Programme quotidien avec prise en charge pour les 3-12 ans et les 13-17 ans.

Langue(s) parlée(s) à bord : Anglais. Journal de bord en français. Hôtesses francophones.

Monnaie : Prix en dollar. Paiement à bord avec la carte personnelle du navire, débitée sur le compte de chaque passager.

Divers : Club concierge pour les suites, mur d'escalade, héliport, 3 piscines, centre de fitness. Billards dotés d'un système antiroulis. Casino.

Itinéraire : La compagnie Royal Carribean possède 15 autres navires dont le *Brillance of the Seas*, sister ship de celui présenté dans ce chapitre. Les circuits sont généralement l'hiver aux Caraïbes, l'été en Alaska, Méditerranée et Scandinavie.

Brochures renseignements
Dans les agences de voyages, brochure Royal Carribean International où Latitude Sud – 29 rue du Louvre – 75002 PARIS. Tél. : + 33 1 40 13 71 25

Le commandant suédois Kent Ringborn

La résidence des mers

De Sydney à Cairns,

à bord de THE WORLD

The World est un navire singulier, entre paisible Waterworld de luxe et phalanstère des mers pour happy few. Assurément, cette copropriété du bâtiment par les résidents et ses règles de fonctionnement non conventionnelles (escales à durée indéterminée et invités payants) apportent une vision radicalement neuve de la croisière. L'avenir ?

The World ★★★★★

390 — ★★★★ — €€€€€

Longueur 196 m
Largeur 30 m
Tirant d'eau 6,70 m
Tonnage 43000 t
Membres d'équipage 320
Construction mars 2002
Pavillon Nassau (Bahamas)
Armateur The World of Residensea Ltd
Mise en service mars 2002
Ratio membre d'équipage/passager 0,82
Ratio tonnage/passager 110,25

Appréciation d'ensemble
Appartenant en majorité à des résidents qui possèdent leur propre appartement, le navire dégage une ambiance feutrée, proche d'un yacht privé.

En haut : Les suites de 100 à 400 m² peuvent être décorées au choix selon le style de quatre architectes différents

Pages précédentes : Green en herbe, practice ouvert sur la mer, simulateur ultra-sophistiqué, pro shop, professeurs PGA équipent « The World ». Les résidents sont tous membres du Golf Club of the World, permettant un accès à tous les plus beaux golfs du monde

Page de droite : Un tennis aux dimensions officielles occupe le quart du pont extérieur. Éclairage nocturne, distributeur automatique de balles permettent son utilisation permanente

Lancé en mars 2002 à Oslo, *The World* est l'un des navires les plus étonnants jamais construits. Extérieurement, rien ne le distingue d'un autre paquebot. La différence tient en fait à son concept même. *The World* n'est pas un bateau de croisière au sens large du terme, mais plus exactement une communauté résidentielle flottante de très haut standing. Les passagers sont des résidents qui possèdent leur propre appartement, dont la superficie varie de 100 à 400 m². Certains y demeurent tout au long de l'année. Chaque résidence (au total 110 appartements privés) est équipée d'une cuisine et peut comprendre jusqu'à trois chambres à coucher.

SUPPLY

AMP
AMP

Avec une occupation moyenne de 200 passagers pour un navire de 200 mètres de long, les espaces communs semblent, en toutes circonstances, déserts

Ce sont les résidents qui décident, chaque année, des itinéraires et de la durée des escales. À Sydney, le navire escalera quatre jours

Pages précédentes : À Sydney, face à l'Opéra, pour satisfaire les résidents dont les suites donnent sur les quais, le commandant effectuera un demi-tour au terme de la mi-séjour de l'escale

UNE COMMUNAUTÉ DE VILLÉGIATURE FLOTTANTE

The World est destiné en premier lieu aux résidents. On ne s'étonnera pas ainsi de trouver une épicerie où légumes et pain frais sont renouvelés chaque jour, un service d'abonnement par satellite à la presse internationale, une impressionnante bibliothèque et une vidéothèque, quatre restaurants (payants pour les résidents), dont un Sushi Bar, un service de gardiennage, un spa La Prairie, une bijouterie Graff…

Les suites des guests (invités) sont somptueusement aménagées. Sophistication extrême, une baie vitrée, équipée d'un store électrique, permet une visibilité complète entre la salle de bains, le balcon et la mer

A gauche : L'Australie appartient aussi aux kangourous et koalas que l'on trouve uniquement sur cette île-continent

Regroupés en association, les propriétaires décident avec le commandant des variations d'itinéraire ou de demandes plus particulières. « Nous avons changé la position du navire à Sydney pour permettre aux deux bords une exposition équitable face à l'Opéra », raconte Dag Saevik, le jeune commandant norvégien. Et il ajoute : « J'ai mentionné que ce type de manœuvre engendrerait des frais importants, mais à l'unanimité l'association a accepté de supporter les coûts que cela entraînait. » C'est également sous la pression des résidents que les escales à bord de *The World* sont bien plus longues que sur d'autres croisières, : quatre jours à Sydney, deux jours à Brisbane... On prend tout le temps nécessaire pour visiter la Hunter Valley, l'une des grandes régions viticoles australiennes, située à une heure et demie de route de Sydney, pour se rendre à l'Australian ou au New South Whales, qui figure parmi les plus beaux golfs de la Nouvelle-Galles-du-Sud, ou pour inviter à bord amis et relations professionnelles. Cette possibilité de prolonger une escale est un luxe, mais aussi une des originalités de *The World*.
« Nous nous déplaçons dans les appartements pour faire la cuisine à la demande », révèle Josef Shuppler, le responsable en chef des trente-cinq cuisiniers et pâtissiers du bord. « Les demandes ne sont en fait pas très compliquées. Les résidents cherchent avant tout une cuisine simple et équilibrée, telle qu'ils pourraient la faire eux-mêmes. »

A Sydney, le surf demeure toujours le sport de prédilection

LE PORTRAIT, UN VÉRITABLE TROIS ÉTOILES DE MER

La gastronomie en mer n'est pas un vain mot mais, à bord de *The World*, le Portrait est, avec son chef français Frédéric Moulinié, certainement la meilleure table de tous les navires en exploitation. « Nous n'accueillons pas plus de 25 invités par service et chaque plat est réalisé avec des produits frais à la commande », confie modestement le chef qui, sous d'autres latitudes, serait déjà plusieurs fois étoilé. Élaborée avec talent et imagination, la carte française fait preuve de raffinement et d'audace, comme ce foie gras à l'ananas et au sorbet à la poire.

Peppy, l'exécutif-chef, laisse carte blanche à son chef français, Frédéric Moulinié (en haut à gauche), pour mener la plus raffinée des cuisines dans son restaurant le Portrait

UN ÉTAT D'ESPRIT DIFFÉRENT

Pour René Peter, directeur général de *The World*, les résidents ont tous un profil relativement proche : entrepreneurs richissimes ou autodidactes, ils possèdent d'autres résidences de par le monde, maîtrisent plusieurs langues et sont en semi-retraite. « Nous sommes des ouvriers qui ont réussi et partageons les mêmes points de vue », comme le résume l'un d'entre eux.

À bord, il n'est toutefois pas nécessaire de posséder un *penthouse* pour faire l'expérience unique de cette résidence des mers. Si certains des propriétaires actuels considèrent cependant que *The World* devrait leur être exclusivement réservé, les *guests* (invités) y sont autorisés. Ainsi, 88 suites, au pont 6, leur sont destinées. Elles sont d'une taille plus modeste – de 25 à 65 m² –, et leur conception et leur décoration visent à un confort « haut de gamme » ; l'on peut y découvrir des innovations surprenantes, telle cette baie vitrée séparant la salle de bains et la chambre, et qui permet de prendre son bain en regardant la mer.

« Une croisière sur *The World* demande un état d'esprit particulier. Il n'y a pas animations tout au long de la journée ni de spectacles le soir. Les voyages se déroulent dans une sérénité bien différente que lors d'une croisière conventionnelle », confie René Peter. Et pour les 150 passagers « invités » embarqués à Sydney, c'est d'abord l'espace qui les impressionne le plus, davantage que le service.

A gauche : La plus select des épiceries : chez Fredy's, les résidents peuvent approvisionner leur propre cuisine en légumes frais et produits courants

A droite : Plateaux de sushis et sashimis à loisir au restaurant japonais le Sushi Bar

Tender climatisé, gouvernante, l'univers de « The World » ne ressemble à aucun autre

Le navire semble désert. Au total, il y a, pour ce voyage entre Sydney et Cairns, 250 passagers, résidents compris, et 300 membres d'équipage alors que la structure pourrait, en d'autres aménagements, accueillir plus de 1200 personnes. L'espace comme privilège ultime. Une piscine de 15 m, un véritable terrain de tennis, des greens de golf (certains en véritable gazon), un practice de golf orienté vers la mer : en somme, toutes les commodités que l'on peut imaginer et que l'on retrouve dans ces résidences ultraluxueuses de Fontvieille à Monaco ou de Key Biscayne à Miami. Étonnamment, les invités semblent plus privilégiés que les résidents. Grâce à une formule « tout compris », les restaurants habituellement payants deviennent tables ouvertes, y compris le prestigieux Portrait, à la cuisine d'un rare raffinement. Même formule pour les vins et alcools servis à discrétion.
À Hamilton Island, dans l'archipel Whitsundays, à l'intérieur de la barrière de corail, *The World* a

La grande barrière de corail au nord-est de l'Australie dont on mesure les formidables dimensions en effectuant des excursions aériennes

Décoration élégante et épurée pour ce navire unique où les passagers peuvent demeurer à longueur d'année

déployé sa marina. Actionnée par d'importants vérins hydrauliques, une plate-forme de teck s'ouvre sur une mer cristalline, celle de la Gold Coast australienne. Les tenders climatisés embarquent les passagers vers une destination aux allures d'île enchantée où perroquets criards et perruches multicolores jonchent les allées de gazon. Pour Christopher Ward, le responsable de Abercrombie & Kent, bureau d'excursions à bord du navire, les deux journées à Hamilton seront consacrées à l'or-

INVESTIR DANS THE WORLD

Quelques appartements restent disponibles, décorés par quatre architectes de renom. Au choix le style new-yorkais, tendance, italien, raffiné ou français, classique. Une, deux ou trois chambres, une ou deux terrasses, jacuzzi extérieur, personnel permanent, membre du Golf Club of The World… les tarifs oscillent de 2,255 millions de $ à 7,524 millions de $ plus 6 % de frais annuels.

ganisation des survols aériens, en hydravion, de l'immense barrière de corail.

Sur le quai spécialement aménagé pour *The World*, Jomar, le *Bell Boy*, coiffé d'un casque colonial, accueille avec déférence les passagers. Petite serviette parfumée, rafraîchissements, puis *The World* reprend sa route du monde, la proue toujours orientée vers les plus belles destinations sous le soleil, exactement.

Conseils pratiques avant d'embarquer

Cabines : 88 suites sont réservées aux « guest » invités. De 26 à 65 m², elles bénéficient toutes de superbes prestations. Il est également possible de louer un des 110 appartements (de deux à trois chambres) pour des tarifs journaliers de 1800 $ à 5660 $

Restauration : 5 restaurants (East : cuisine japonaise – Tides : cuisine italienne – The Marina : fruits de mer et rôtisserie et l'exceptionnel Portrait dirigé par Frédéric Moulinié). Aucun supplément pour les restaurants y compris pour le Portrait.

Électricité : 110 V (US) et 220 V (Europe). Sèche-cheveux dans chaque suite. Fer à repasser dans la lingerie.

Espace fumeurs : Le Cigar Bar et quelques espaces extérieures désignés.

Tenue vestimentaire : Chic décontracté. Pour les soirées seuls les dîners au Portrait demandent le port de la cravate et veste pour

les hommes et robe longue pour les femmes.

Blanchisserie : Libre accès au pont 6 ou enlèvement par le personnel de cabine en service payant.

Soins médicaux : Médecin et infirmière 24 h/24. Centre médical équipé au pont 4.

Téléphone et communication : Par satellite dans les suites. Salle Internet, scanner, imprimante. TV CNN en permanence. Abonnement à toute la presse internationale (réception par fax). *Le Monde* est ainsi disponible.

Enfants : Les divertissements ne sont pas nombreux pour les enfants. À déconseiller.

Langue(s) parlée(s) à bord : Anglais. Concierge et personnel de salle maîtrisant le français.

Monnaie : Tous les prix sont en dollar. L'empreinte d'une carte de crédit au début de séjour permet l'affectation de toutes les notes sur son compte.

Divers : Centre de Spa superbe de 700 m² « Clinique La Prairie ». Programme de un à sept jours de soins (de 785 $ à 3150 $). Épicerie. Pro Shop. Bijouterie Graff. Casino, Librairie. 5 bars…

Itinéraire : Décidés chaque année entre la direction et les résidents, les itinéraires sont très variables d'une année à l'autre. Particularité : les séjours dans chaque escale sont plus longs qu'à l'ordinaire sur d'autres navires de 2 à 5 jours.

Brochures et renseignements : Sur le site : www.residensea.com (site en anglais) possibilité de télécharger les brochures et itinéraires.

Le commandant Dag Saevik

Allemagne, Autriche et Suisse
Hambourg : Vista Travel - Exklusive Kreuzfahrten
Tél : + 49 (0) 40 30 97 98 40
E-mail : reservierung@vistatours.com

Norvège, Suède, Danemark
Bergen : Cruise Spesialisten
Tél. : + 47 55 23 07 90
E-mail : cruise@sn.no

Grande-Bretagne
Londres : Mundy Cruising
Tél. : + 44 (0) 20 7824 9030
E-mail : dianam@mundycruising.com

Croisière 10

Au pays du Soleil-Levant

De Yokohama à Pékin,

à bord de CRYSTAL HARMONY

De l'océan Pacifique à la mer de Chine, Crystal Harmony *écume les plus belles escales de l'empire du Soleil-Levant aux légendaires cités impériales de la grande Chine. Pour l'une des plus élégantes compagnies maritimes, les grandes traditions s'accordent avec le plaisir des belles navigations.*

Crystal Harmony ★★★★★

940 ★★★★★+ €€€€€

Longueur 241 m
Largeur 29,6 m
Tirant d'eau 7,5 m
Tonnage 49400 t
Membres d'équipage 545
Construction Mitsubishi Heavy à Nagasaki (Japon)
Pavillon Nassau (Bahamas)
Armateur Crystal Cruises
Mise en service juillet 1990
Ratio membre d'équipage/passager 0,57
Ratio tonnage/passager 52,55

Appréciation d'ensemble
Gastronomie exceptionnelle, itinéraires superbes : la compagnie Crystal Cruises, méconnue en Europe, offre des croisières haut de gamme pour une clientèle raffinée (et maîtrisant l'anglais).

En haut : Formes élancées, ponts arrière étagés, « Crystal Harmony » a conservé l'apparence des navires d'autrefois tout en proposant une grande majorité de cabines avec balcon

Pages précédentes : Peu connue en Europe, la compagnie Crystal est pourtant l'une des plus belles compagnies de croisière du monde

Page de droite : « Crystal Harmony » s'inscrit dans le club très fermé des navires 5 étoiles

Yokohama, 5 h 30 du matin. L'horizon est encore bleu violacé et déjà une activité maritime intense anime l'immense baie enchevêtrée d'îlots. Entre les deux piliers qui suspendent un pont monumental, la silhouette d'un grand navire blanc s'approche. Au pays du Soleil-Levant, l'astre ne faiblit pas. Il se lève précisément dans le sillage de *Crystal Harmony*. Après sept jours de mer, plus de 20 000 milles depuis Hawaii, l'élégante carène glisse lentement vers le pays où le navire a été conçu. Sous un soleil maintenant éblouissant, le paquebot de 240 mètres vient s'amarrer au pied d'une gare maritime flambant neuve.

The Crystal Harmony

CRYSTAL

Pages précédentes : Navire itinérant, « Crystal Harmony » sillonne le monde. Ici à Yokohama au Japon, il arrive d'Hawaï, après cinq jours de pleine mer

Du petit village de pêcheurs, Yokohama est devenu la deuxième grande ville du Japon

À quelques encablures de là, *Hikawa Maru* est également à quai, mais pour lui c'est son ultime destination. Dans les années 1930, il effectuait la liaison Yokohama-Seattle. Aujourd'hui musée flottant, il arbore toujours une cheminée aux couleurs de sa compagnie : rouge-blanc-rouge, les couleurs de la NYK, la Nippon Yusen Kaisha, l'une des plus importantes sociétés maritimes au monde. En 1987, l'armateur nippon envisage la création d'unités destinées à la croisière. Le marché est déjà largement occupé par des compagnies américaines qui, confrontées à une demande sans cesse grandis-

sante, s'orientent vers des bâtiments de fort tonnage. À contre-courant, sur les plans déposés par la NYK aux chantiers Mitsubishi Heavy à Nagasaki, ne sont prévues que 523 cabines, dont 50 % sont équipées de balcon, et seulement 19 cabines intérieures (sans ouverture sur la mer). Une révolution dans l'univers de la croisière et un succès immédiat pour *Crystal Harmony*, inauguré en juillet 1990.

La compagnie Crystal prend dès lors sa place dans l'univers très convoité des cinq étoiles, devenant la seule à offrir la plus importante superficie par passager jamais proposée jusque-là.

Au Japon, tradition et culture font face à un modernisme omniprésent

Page de gauche, en haut : Mis en service en 1990, « Crystal Harmony » a subi plusieurs réaménagements, maintenant le navire dans un parfait état

En quittant Kobe, « Crystal Harmony » s'engage dans la mer intérieure. Les ponts aux dimensions pharaoniques relient l'ouest du Honshu à l'île de Shikoku

Itinéraire et gastronomie d'exception sont certainement aujourd'hui ce qui distingue la compagnie aux deux hippocampes. Ses trois navires – *Crystal Harmony*, *Crystal Symphony* et le tout nouveau *Crystal Serenity* – parcourent le globe à la recherche des plus belles escales cependant que des chefs de renom se succèdent à leur bord pour y faire partager le raffinement de leur cuisine.

Rarement gastronomie de croisière n'aura atteint une telle constance. Des buffets aux restaurants thématiques, *Crystal Harmony* est certainement la meilleure table des mers. Pour la première journée en mer, Paolo Alario, le maître queux, reçoit les réservations pour le Kyoto – restaurant japonais –

L'impressionnante équipe des cuisines de « Crystal Harmony » prodigue une cuisine exceptionnelle aussi bien pour les petits déjeuners que pour les dîners les plus sophistiqués

Franz Weiss supervise les quatre restaurants du navire. Compte tenu de leur faible capacité, deux d'entre eux, le Prego (cuisine italienne) et le Kyoto (cuisine japonaise) nécessitent une réservation

Le chef japonais du Kyoto, l'un des quatre restaurants du paquebot, n'a pas pu résister : il s'est rendu au Tsukiji à Tokyo. Située au nord de Yokohama, la capitale offre le plus beau marché aux poissons du Japon et peut-être du monde. Sous un immense hangar, les milliers d'acheteurs se disputent 1 700 éventaires où leur sont proposées 400 espèces différentes de poissons et de fruits de mer. De la baleine au fugu (poisson-lune), un poisson qui peut se révéler mortel s'il n'est pas préparé dans les règles de l'art, tout ce que la mer a à offrir au palais semble être rassemblé ici. Pour Franz Weiss, l'*executive chief* et son équipe, faire de la gastronomie maritime un art est une philosophie qu'ils s'appliquent à pratiquer au quotidien.

et le Prego – restaurant italien. Raffinement, élégance, produits frais : les deux restaurants « prestige » du navire surprennent par la recherche d'excellence dont ils témoignent, et cela dès le petit-déjeuner ou aux déjeuners en terrasse, grâce à des buffets d'une qualité exceptionnelle.

En dépit d'une structure moderne, *Crystal Harmony* a conservé de l'esprit des paquebots d'antan le souci de la gastronomie et la conception de certains espaces. Une promenade extérieure en teck ceinture tout le pont 7 et s'ouvre à la poupe sur des terrasses étagées. On retrouve également deux pis-

cines, un mini-terrain de tennis, un *practice* de golf et une salle de gymnastique ouverte sur la mer. Récemment, la compagnie n'a pas hésité à redessiner, selon les principes du feng-shui, art asiatique de l'habitat reposant sur l'équilibre et l'harmonie, un spa, centre de remise en forme aux agencements superbes. « *Le réaménagement complet du* Crystal Spa *et la construction du* Connoisseur Club *répondent à la demande et aux attentes de voyageurs de plus en plus raffinés* », explique Gregg L. Michel, président de Crystal Cruises.

Mais outre le soin apporté à la gastronomie et à l'habitat, les croisiéristes les plus raffinés sont également en quête de destinations et d'escales présentant un intérêt inédit. Guère explorée par les

Face à l'abomination du site d'Hiroshima, l'île de Miyajima, toute proche, inspire toute la grâce d'une civilisation. Le sanctuaire Itsukushima bâti en 593 et le Torii flottant surgissent des flots à marée haute

Gants blancs, argenterie, porcelaine, pâtisserie fine, l'heure du thé révèle la qualité générale des prestations à bord de « Crystal Harmony »

En bas : Destination finale, la Chine s'ouvre également aux navires de croisière

LA PREMIÈRE BOMBE ATOMIQUE

Le 6 août 1945, le B-29 *Enola Gay* américain lâcha *Little Boy*, la première bombe atomique qui anéantit Hiroshima. La bombe explosa à 580 mètres du sol. La température atteignit 6 000 °C. Plus de 200 000 personnes furent tuées sur le coup ou succombèrent à leurs brûlures ou aux radiations les mois suivants. Seul bâtiment à avoir résisté partiellement à l'explosion, le « dôme de la bombe A » est demeuré en l'état. La visite du musée-mémorial de la paix rappelle l'horreur du drame et amène aussi à réfléchir sur la prolifération nucléaire aujourd'hui…

Seul vestige de l'avant-Hiroshima, les ruines de l'ancien Office de la promotion industriel sont aujourd'hui classées au patrimoine mondial de l'Unesco

navires de croisière, la découverte du Japon par la mer procure une tout autre vision de ce pays résolument tourné vers la mer (au point qu'il lui consacre un jour férié). Il faut avoir vécu l'entrée dans un port asiatique, expérience d'une irréelle animation, ou avoir vu l'intense navigation dans la mer intérieure (entre Kobé et Hiroshima) ; avoir découvert Hiroshima, ville tristement célèbre mais au renouveau fascinant, et, en face d'elle, l'île de Miyajima et le sanctuaire d'Itsukushima posé sur la mer ; avoir admiré l'île de Kyushu et la ville de Kagoshima au pied du volcan Sakurajima, toujours

en activité, puis avoir traversé la mer de Chine pour s'immerger comme le cargo de Joseph Kessel, *La Rose de Java*, dans la brumeuse Shanghai ou la trépidante Pékin pour être convaincu de la nécessité, et de la beauté qu'elles donnent à découvrir, de telles croisières.

Peu de navires réalisent des croisières dans l'Est asiatique, malgré les multiples attraits du voyage

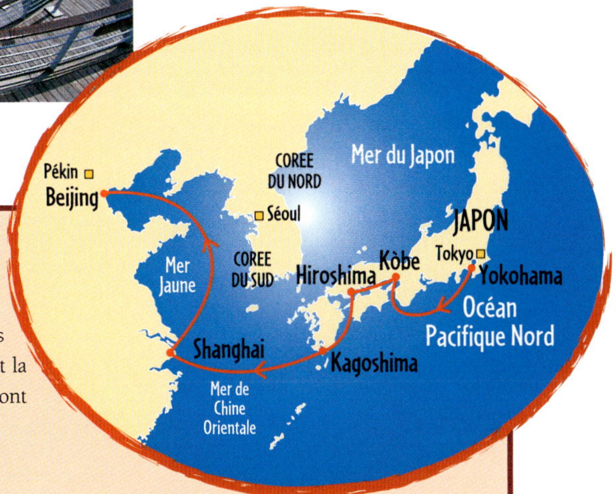

Conseils pratiques avant d'embarquer

Cabines : Elles ont un peu vieilli, mais demeurent fonctionnelles et agréables. 50 % sont équipées de véranda. Leur taille varie de 20 à 100 m². Télévision, vidéo, minibar…

Restauration : Elle est d'un niveau exceptionnel pour l'ensemble des restaurants :
– *Le Prego* : restauration italienne (sur réservation – 6 $ supplémentaires pour le service) ;
– *Le Kyoto* : restauration japonaise (sur réservation – 6 $ supplémentaires pour le service) ;
– *Le Lydo* : formule buffet, petit-déjeuner et déjeuner ;
– *Le trident Grill* : formule grill tous les soirs ;
– *Le Crystal Dining Room* : deux services – 18 h 15 et 20 h 30. Table réservée dès le premier jour (tables de 2, 4, 6 et 8 personnes). Service en cabine (*room service*) ; boissons : non incluses.

Électricité : Prises européennes en 220 V et prises USA.

Espace fumeurs : Superbe salon Connoisseur Club.

Tenue vestimentaire : Chaque jour, le journal de bord vous s uggère une tenue vestimentaire : *casual* – décontracté ; *informal* – veste, cravate, robe cocktail ; *formal* – smoking, robe longue. Pendant la durée de la croisière (12 jours), il y a 3 soirées en smoking.

Blanchisserie : Service payant ; ouvrage effectué le jour même pour une collecte avant 9 h. Buanderie gratuite à disposition.

Soins médicaux : Infirmière et médecin à bord. Service médical d'urgence 24 heures/24.

Téléphone et communication : Numéros internationaux accessibles directement de la cabine satellite. Pour les portables, système spécifique au Japon, et portable tri-bande pour la Chine. Internet : une salle superbement équipée avec des formateurs qui vous aident à réaliser votre propre page Web.

Langue(s) parlée(s) à bord : L'anglais est indispensable. Les journaux de bord et les menus sont en anglais, le personnel et la majeure partie des passagers sont anglo-saxons. Seuls quelques membres d'équipages sont français ; le journal quotidien *France-Actualités* est disponible. Langues à terre : au Japon, on peut toujours communiquer en anglais. En revanche, la Chine pose de très nombreux problèmes de communication.

Monnaie : À bord, carte de crédit ou dollars américains.

Pourboires : Non inclus : 10,50 $ par personne et par jour.

Divers : CNN par satellite. Possibilité de faire développer ses propres pellicules à bord et transfert sur cédérom. Service de concierge. Messe chaque jour. Repas Kasher.

Itinéraire : Crystal Harmony, comme tous les navires de la flotte Crystal Cruises, effectue des itinéraires inédits. De l'Alaska à l'Antarctique, du Japon à l'Australie, ce sont au total plus de 55 pays et 170 ports qui sont visités chaque année. Un *Cruise Atlas* est édité (en anglais) chaque année. Disponible par le site web. Trois navires et jamais plus de 1 000 passagers : *Crystal Harmony* 49 500 t/940 passagers ; *Crystal Symphony* 51 044 t/940 passagers ; *Crystal Serenity* (construit aux Chantiers de l'Atlantique) 2003/68 000 t/1 080 passagers

Brochures renseignements :

Suisse
MCCM Master Cruises
Christian Möhr Ltd.
Tél. : (41) 1 825 20 50
Fax : (41) 1 825 31 41
Mail : mailbox@mccm.ch

Belgique, Luxembourg et France (Nord)
Silverblue
Tél. : (32) 3 491 04 60
Fax : (32) 3 491 04 65
Mail : info@silverblue.be

France (Sud)
TMG Cruises
Tél. : (377) 97 98 41 31
Fax : (377) 97 98 41 30
Mail : contact@tmg-cruises.com

Site Internet : www.crystal-cruises.com

Croisière 11

La voie des empereurs

De Carthage à Rome,

à bord de WIND SURF

Le plus grand paquebot-voilier du monde dresse ses mâts comme les cinq doigts d'une main tendue vers le bonheur. Entre Carthage l'Africaine, Malte la fascinante et Rome l'éternelle, Wind Surf *laisse le sirocco et le ponant guider ses voiles vers les plus beaux sites de la Méditerranée.*

Wind Surf ★★★★+

308 | ★★★★+ | €€€€

Longueur 188 m
Largeur 20 m
Tirant d'eau 5 m
Tonnage 14745 t
Membres d'équipage 163
Construction Société nouvelle des Ateliers et Chantiers du Havre
Pavillon Bahamas
Armateur Windstar Cruises - Groupe Carnival
Mise en service 1990 (réaménagement 1998 et 2000)
Ratio membre d'équipage/passager 0,53
Ratio tonnage/passager 47,87

Appréciation d'ensemble
Ambiance détendue, mâture majestueuse, gastronomie de qualité, les croisières à bord de *Wind Surf* offrent en outre le plaisir de remonter aux sources du temps et des civilisations.

En haut : Les 15 000 tonnes du navire peuvent être manœuvrées à bras d'homme, avec une barre auxiliaire

Pages précédentes : « Wind Surf », le plus grand paquebot-voilier du monde, approche l'île de Gozo où Ulysse rencontra Calypso

Page de droite : Résidence d'Auguste puis de Tibère, l'île de Capri est aujourd'hui un rendez-vous romantique et chic

À l'approche de La Goulette, avant-port de Tunis, cinq mâts démesurés surgissent au-dessus des docks. Le plus grand paquebot-voilier du monde fait son apparition. Seigneurial. Haut comme la flèche d'une cathédrale, le navire ne peut qu'inspirer l'admiration. À bord, le service est à des années-lumière du pittoresque Café des Nattes du village médiéval de Sidi Bou Saïd… Serviette rafraîchissante, jus de fruits frais, l'ambiance augure une belle croisière à la voile dans la Méditerranée antique.

Les croisières à bord de « Wind Star » se caractérisent par une ambiance décontractée. Les soirées formelles et habillées ont été bannies

Pages précédentes : « Wind Surf » au pied de La Valette à Malte

A gauche : À Sidi Bou Saïd, les senteurs de jasmin envahissent ce pittoresque village tunisien

Les thermes d'Antonin à Carthage, balayés par les vents marins, disparaissent à la vue. L'effervescence de Tunis, les oiseaux criards, les ficus géants, se fondent dans l'écume du sillage.

Sur les larges ponts arrière, les passagers s'installent dans la douceur d'une soirée d'été. Les mâts ont drapé silencieusement l'horizon. Le ciel, la mer et la terre s'unissent dans la même couleur orangée. Le temps paraît suspendu.

Avec 187 mètres, 5 mâts culminant à 50 mètres, *Wind Surf* est l'un des deux plus grands paquebots-voiliers du monde (avec *Club Med* 2). Inau-

« Wind Star » accoste à Porto Empédocle au sud-ouest de la Sicile, point de départ pour Agrigente. Sur le site, le temple de la Concorde où un homme peut se tenir dans chacune des cannelures des 34 colonnes doriques

guré en 1989 aux Ateliers et Chantiers du Havre sous le nom de *Club Med I*, il est aujourd'hui le symbole d'un autre type de croisière, placée sous le signe de la décontraction. Pour Jean-Claude Potier, le fondateur de la compagnie Windstar, les passagers *« portent la cravate toute l'année, les vacances doivent représenter un espace de liberté sans aucun formalisme »*. Que l'on ne s'attende donc pas à la traditionnelle soirée du commandant ni à une quelconque soirée de gala. L'ambiance est à la détente pour ces 300 passagers, en grande majorité américains. Et plutôt jeunes. Pierre-Yves Canton, qui représente la compagnie en France, ne recommande d'ailleurs pas ce navire pour les personnes à mobilité réduite : *« Par sa taille et son concept,* Wind Surf *fait souvent escale dans des endroits où seules les chaloupes permettent de se rendre à terre. »* Mais pour l'île de Malte, l'abordage s'effectuera à quai.

Les grands voiliers offrent moins d'espaces communs, mais un charme incomparable

Exposé plein ouest, La Valette, l'un des plus grands ports naturels du monde, se révèle aux croisiéristes dans la douceur et le silence empreint de solennité de l'arrivée du navire. Dominante, la citadelle, ambrée par le soleil levant, laisse découvrir son intimité. La cité de Senglea, à bâbord, veille derrière ses fortifications. Au quai Pinto Wharf, on finit de fixer les dernières amarres du grand voilier. Le bruit des sabots claque sur les pavés. Les calèches s'approchent, invitant à visiter la vieille ville, distante de quelques centaines de mètres. À l'entrée de la citadelle, les bus colorés de la gare routière d'Hasting Garden arborent fièrement leur calandre des années cinquante. Et puis, après avoir plongé dans la procession qui s'engouffre dans *Republic Street*, la voie piétonne qui traverse la ville,

CAPITAINE DE PÈRE EN FILLE

Les vacances de la famille Bridge ne ressemblent à aucune autre. Pour les cinq enfants du jeune capitaine Richard Bridge, *Wind Surf* est le plus beau terrain de jeu du monde. Naviguant sur toutes les mers, la famille globe-trotter se retrouve autour de papa. Unique moyen de concilier vie professionnelle et vie familiale.
La plus grande sait déjà ce qu'elle veut faire. Naviguant toute l'année sur un petit voilier dans la baie de Southampton, elle a décidé de devenir… capitaine !

La famille au complet accompagne le commandant Bridge pour des vacances peu ordinaires

c'est l'immersion dans le baroque et ses façades tourmentées et grandiloquentes. On flâne à sa guise dans les ruelles tracées au cordeau où les moucharabiehs rappellent l'influence arabe de cette ville déconcertante, car à la croisée des civilisations (Europe et Afrique) et pétrie d'héritages multiples : phénicien, carthaginois, arabe, romain, byzantin, normand, français et anglais… La liste n'est pas exhaustive mais le charme, lui, réellement envoûtant.
Au crépuscule, les touristes envahissent les jardins suspendus d'Upper Barracca pour admirer l'incroyable spectacle de *Wind Surf* qui, au pied des remparts, s'apprête à larguer les amarres. Trois coups de sirène retentissent au cœur des trois cités qui formèrent historiquement La Valette. Les baumes de 20 mètres s'écartent pour que s'enflent les 2 700 mètres carrés de voilures. À petite allure, la gracieuse nef s'éloigne de la cité des Hospitaliers (les « chevaliers de Malte ») pour rejoindre la terre aux trois pointes, la Sicile.
Porto Empedocle, au sud-ouest de la Sicile, s'annonce par le ballet brouillon d'une kyrielle de petits bateaux de pêche multicolores. *Wind Surf* s'engage par tribord au travers du Bastione di Carlo V (le rempart de Charles Quint) qui ceinture le vieux port. Après avoir visité, sous une chaleur écrasante, la *Valle dei Templi*, à Agrigente, et la maison natale du dramaturge Pirandello, les passagers goûtent avec un plaisir sans mélange la fraîcheur des espaces climatisés de *Wind Surf*. Au centre de thalasso, les mains régénérantes des esthéticiennes et des masseuses réconfortent quelques passagers avisés. D'autres ont trouvé refuge dans la piscine et, un verre à la main, regardent le temple de la Concorde s'éloigner. Si un certain formalisme a été banni, les menus affichent une très bonne tenue : le caviar et le homard rivalisent avec les crevettes géantes et les viandes choisies. Inutile de réserver une table, les horaires sont libres. Divertissement, liberté et qualité : le bon aloi, somme toute.

A gauche : Tous feux allumés, « Wind Star » assiège la capitale des chevaliers de Malte

Ci-dessous : Dans l'archipel de Malte, les dghajsas colorées constituent toujours la flotte d'une pêche artisanale

À Gozo, près de Dwejra Bay, les falaises abritent des criques qui semblent inextricables

Rares sont les navires qui s'aventurent à faire escale dans l'archipel des Éoliennes, au nord-est de la Sicile. Cet archipel est la partie visible de formations volcaniques sous-marines. À plus de 2 000 mètres sous mer, les éruptions ont hissé progressivement, au fil du temps, sept îles hors des profondeurs. À 20 milles marins de la Sicile, 15 000 habitants peuplent ces anciennes marmites du diable. Certaines d'entre elles sont toujours agitées d'humeurs infernales. La plus connue, Stromboli, dominée par son volcan éponyme, vocifère encore avec hargne et abondance de fumerolles. Vulcano manifeste également les incroyables pressions souterraines qui l'animent. Ses bains de boue tiède et nauséabonde attirent les touristes par milliers, qui s'en enduisent ou y baignent avant de se jeter dans la mer, ici en bouillonnement permanent. Les geysers, eux, assurent un massage parfait.

À Lipari, dans les îles Eoliennes au large de la Sicile, l'église de Chiesa Vecchia surplombe les îles de Salina et Panaréa

« Wind Star » est le plus luxueux des paquebots à voiles

Royal Clipper a rejoint au mouillage *Wind Surf*. Les deux géants de toile rappellent les invasions que subit l'île. L'une d'entre elles, venue de Constantinople, marqua à jamais l'histoire des Éoliennes. En effet, Barberousse assiégea en 1544 l'île et massacra tous les habitants. Les quelques survivants furent déportés comme galériens.

À la poupe du navire, la plate-forme arrière s'est ouverte sur la grande bleue. Planche à voile, voile, ski nautique et autres jeux aquatiques s'offrent aux plus sportifs. Il en sera de même à Sorrente et à Capri.

Capri, l'île du charme et du luxe, est une éternelle séductrice. Le Tout-Naples s'y retrouve parmi une cohorte de touristes venus découvrir la fameuse grotte d'Azur, dans une ambiance étrange où voir et être vu font partie d'un jeu auquel tout le monde se prête. Sorrente, à quelques milles de là, est bien différente. Défendue par une forteresse naturelle de falaises, la ville paraît toiser ses assiégeants avec une indifférence pleine de morgue. *Wind Surf*, confiné dans la Marina Piccola, semble intimidé par l'imposant décor. Un escalier tortueux rejoint la place Sant'Antonino et la Via della Pietà, rue médiévale ou les effluves citronnés parfument les échoppes. Si tous les chemins mènent à Rome, les plus belles croisières du monde finissent à Civitavecchia, le port

À Rome, l'empereur Marc Aurèle marque le terme d'une croisière remarquable

À Lipari, l'île la plus urbanisée, la citadelle semble protéger *Wind Surf* qui y a jeté l'ancre. Né de l'enfer des profondeurs, Lipari devint un paradis pour l'exploitation de ressources uniques. Pendant l'Antiquité, l'obsidienne, une roche noire, tranchante comme du verre, devint un bien précieux et fut exportée dans tout le bassin méditerranéen (des pointes de flèche en obsidienne ont été retrouvées jusqu'en Provence). Une autre pierre a plus récemment marqué Lipari de son empreinte : la pierre ponce, qui a balafré de gris-blanc l'île ; elle est encore exploitée à Canneto et Acquacalda.

le plus proche de la capitale italienne. Rome, la fin d'un voyage ou peut-être le départ pour de nouvelles croisières. De celles auxquelles invitent, selon un rêve baudelairien, ces *beaux et grands navires, imperceptiblement balancés (dandinés) sur les eaux tranquilles, ces robustes navires à l'air désœuvré et nostalgique, ne nous disent-ils pas dans une langue muette : Quand partons-nous pour le bonheur ?*

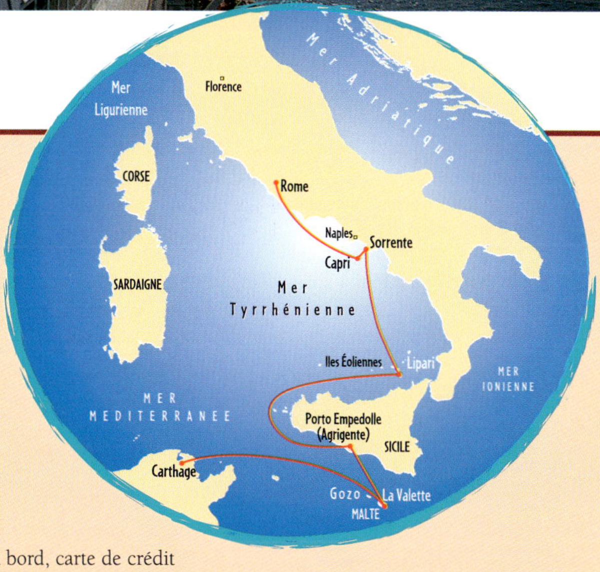

Conseils pratiques avant d'embarquer

Cabines : 125 cabines extérieures de 18 m² et 31 suites extérieures de 35 m² (2 cabines réunies). Fonctionnelles et séduisantes. On regrettera tout de même qu'il ne soit pas possible d'ouvrir les sabords ou d'accéder à un balcon privé.

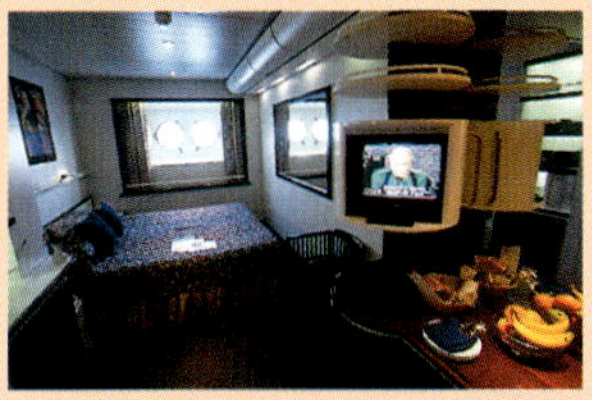

Restauration : De très bonne qualité au The Restaurant et au Veranda Bistrot. La compagnie Carnival mise en effet sur une restauration haut de gamme, pour une prestation qui se situe parmi les croisières élitistes du groupe (Seabourn - Windstar). Menus élaborés par le chef Joachim Splichal du restaurant Patina & Pinot Bistro à Los Angeles.

Électricité : Prises européennes en 220 V et prises USA.

Espace fumeurs : Espaces restreints et attribués.

Tenue vestimentaire : Inutile de s'encombrer d'un smoking ou de

robes de soirée, la décontraction est de rigueur.

Blanchisserie : Service payant ; ouvrage effectué le jour même pour une collecte avant 9 h.

Soins médicaux : Infirmière et médecin à bord. Service médical d'urgence 24 heures/24.

Téléphone et communication : Directement de la cabine par satellite. Internet non disponible en direct (possibilité d'émettre et de recevoir des mails via la passerelle).

Langue(s) parlée(s) à bord : Anglais. Clientèle en majorité américaine. Personnel francophone. Journal de bord en anglais.

Monnaie : À bord, carte de crédit ou dollars américains.

Divers : CNN par satellite. Spa (équipe de 10 personnes). Service de sports aquatiques : ski nautique, planche à voile, kayak, dériveurs (sunfish), plongée sous-marine et banana boat.
Surface de voile : 2700 mètres carrés. Hauteur des mâts : 50 mètres. Bômes : 20 mètres.

Itinéraire et flotte : La compagnie Windstar compte désormais trois navires (le *Wind Song* ayant été sabordé dans un

lagon polynésien en 2002, suite à un incendie) : *Wind Spirit* 5736 t/148 passagers, *Wind Star* 5703t/148 passagers, *Wind Surf* 14745 t/308 passagers.

Brochures et renseignements :
The Cruise Company
Passage de l'Ancienne-Poterie
98000 Monaco
Tél. : + 377 97 70 25 60
Email : cruiseonline@monte-carlo.mc
www.windstarcruises.com

Editeur : Servane Biguais
Conception graphique : studio des Editions Ouest-France
Cartographie : Marine Cau
Photogravure : Nord Compo, Villeneuve d'Ascq (59)

© 2003, Editions Ouest-France, Edilarge S.A., Rennes
Cet ouvrage a été achevé d'imprimer par l'imprimerie
Kapp Lahure Jombart à Evreux (27)
ISBN : 2.7373.3120.X
N° d'éditeur : 4451.01.06.10.03
Dépôt légal : octobre 2003
Imprimé en France